江戸のはやり神

宮田　登

法蔵館文庫

本書は、一九九三年七月七日に筑摩書房より『江戸のはやり神』（ちくま学芸文庫）として刊行された。

なお、本文中に、今日においては不適切・差別的というべき表現が一部に見られるが、著者が故人であることや、当時の社会および宗教自体が有してきた歴史的事実を明らかにするという立場から、そのまま掲載した。

目次

江戸のはやり神

写真　萩原秀三郎

はしがき

歴史学と民俗学の接合をはかることが、筆者の基本的立場であるが、具体的には、それを宗教史と民俗学との交錯する領域で果たしたいとの念願があった。しかし一方では人間の学として存立すべき人文科学をそう細々と分化すべきではないという前提もあるから、二つの学問の既成の概念枠組を厳密に検討した上で、両者を結びつけるといった手続きをかならずしも踏んでいるわけではない。

むしろ先に追究すべきテーマを設定しており、そのテーマが従来の民俗学だけの枠内では説明しにくく、また歴史学の対象からもはずされる可能性のある性格を持つものなのだといえる。その説明原理はきわめて大雑把にいうと、われわれが現在経験したり、観察する民俗文化、ここではとりわけ民間信仰に限ってであるが、その基底の部分に、通時的な現象を示す核が存在し、それは形態をさまざまに変えて発現している。その発現の仕方には、歴史的所与があり、その発現する現象のなかに時代性をみるということになる。時代と民俗の交関の基本的原理は、叙上の如きものと考えている。

具体的な作業として筆者は、すでに二つの書物を公刊した（『ミロク信仰の研究』未来社昭和四五年、『生き神信仰』塙書房 昭和四五年）。この二著の中で、筆者の意図はかならずしも果たされず、逆にいくつかの欠陥を内包することが露呈された。その一つは、時代性の概念を十分に把握することをおろそかにしたから、反動的により通時的な意味を強調する結果となっていた。そのことは、時代性というものは、ひっきょう民俗の中に埋没するかのごとき結論を導き出すことになった。そういう結論になるのはよいとしても、その結論に至る段階での手続きを、恣意的に消去したかのように思えてならない。

さて本書の主題となる流行神（はやり）についてであるが、その定義づけは以下の本文でおいおい明らかにされようが、筆者が今述べた課題にそっていえば、その現象面は通時性と即時性をかねそなえているといえる。つまり時代性と民俗との相関関係をみるに、恰好のテーマなのである。そこで宗教史という枠組を、あらかじめ設定し、従来の作業仮説からはしばしばはずされがちな民間信仰に視点を定め、そこにみられる熱狂的な信仰現象である流行神のあり方を観察した。そこで気づいたことは、われわれが現代社会で観察できる民間信仰の大部分は、現象面の淵源の多くが近世の宗教社会にあるといっても過言ではないことである。だから近世の時点での諸現象を説明するにあたって、現時点で採集されたデータをかなり採用したことにそれほど危惧を感じてはいない。逆に、近世を経て近・現代に至るまでの強固な伝承性、あるいは再生産性を示している民俗の存在理由の裏づけともなることも明らかだといえる。

近世宗教史上における流行神は、即時的な宗教現象を示すことによって、一つの社会的意味をになっていた。とりわけ幕藩体制下の既成宗教から離脱した民衆たちの信仰拠点として働いた。その特徴とするところは、政治権力に際立った弾圧を受けることなく、巧みに生きのびながら、一方では民衆の創造的なエネルギーの根源となりうる力があったことを指摘できる。流行神のあり方は民俗を脱却し、時代的性格を帯びつつ、歴史的役割を果たすものと思えるが、筆者はむしろ民衆がになう民俗文化の時代を超えながら、かつくり返されていくエネルギーの根強さに心惹かれる。そのため江戸時代という枠組を設定しながら、そうした時代を超越してしまう要素の摘出に熱心になってしまった。その結果は前二著と同じ方向を歩んでしまい、当初の意図とうらはらな結果になってしまったといえる。

本書の構成は、まず流行神研究の意義を述べ、Ⅰ章で江戸時代の民俗史料を併用しつつ、流行神の具体相を概観した。Ⅱ章においては、流行神の諸現象を系譜化できる対象として、御霊、霊神、福神などの神格についてそれぞれ論述した。Ⅲ章では、仏教的色彩の濃い流行神、すなわち寺院と関係する流行仏をとり上げ、そこに見られる霊験の内容を分析することにした。Ⅳ章では、一見断片的にみえる流行神現象の背後にあると予測される宗教意識・思想を、終末観・世直し・メシアニズムと関連づけながら考察した。

なお各章の論述の下敷きとした既発表の論文は、「民間信仰と現世利益」(日本仏教研究会編『日本宗教の現世利益』所収)、「若狭のはやり神」(和歌森太郎編『若狭の民俗』所収)、「はやり神と講」(和歌森太郎編『淡路島の民俗』所収)、「民間信仰における終末観と世直し思想」(『中央公論』昭和四六年七月特別号所収)などである。そのほか先学の諸成果を多数引用させていただいたが、それはそのつど明記した他に、末尾に参考文献として付した。

およそ意に満たぬものではあるが、予想外に執筆に手間どってしまった。それにもかかわらず出版にご尽力下さった企画、編集担当の各位には厚く感謝申上げたい。

昭和四十六年九月

宮田　登

はじめに——流行神研究の意義

民俗学的立場から

従来の宗教史研究の中で、民間の小祠や堂、名も無き神々や野仏たちに寄せる民衆の俗信仰の類は、とかく等閑視されがちであった。これらは高邁な教理と巨大な組織を持つ宗教教団にとっては、ほとんど取るに足らぬ存在に思えたし、政治支配者の宗教統制の対象として淫祠邪教の類で一括することにより、宗教史の上で容易に抹殺することは可能であった。要するに民衆心意の日常卑近的でかつ、知識人の冷静な眼からみればきわめて低次元と思われる信仰内容は、非合理的であり、保守的かつ停滞的であって、人間の知性の営みに相反するゆえに、正当な評価を得る対象としてなかなか定まらなかったのである。

だが民俗学的視点を用意することによって、いわゆる民間信仰の把握の仕方に一つの可能性が生まれた。民俗学は、民衆の側から日本人の精神構造の究明に資せんとする姿勢を持っているから、おのずと民衆の雑多な神仏信仰の実態を素直につかみ、その基底に隠されている価値観、世界観を追究しようとする。こうした態度に出る限り、民間の雑信仰が淫祠邪教であるとか迷信であるといった判断はもちろんできないし、既成宗教の存在意義より一段低く見られるいわれもなくなる。とりわけ断片的で無体系的と思われる民間信仰の多様性の背後に潜む民衆意識の存在を顕わにさせる作業は魅力に富んだテーマともなろう。

熱狂的な信仰

流行神と一括される宗教現象は、そうした民間信仰の中の一形態であり、一時的に民衆の信仰を集めた神仏に対する名称である。その属性については後で述べるとして、明治四十年代に、すでに民俗学的視点を備えて流行神の信仰に注目していた柳田国男の言を引用したい。

> 設楽神が鎮西より上洛したりとては　男女老幼狂奔して之を迎へ候者都鄙に満ちたるやうに候が　過ぎての後は夢のやうに候はんも　其折に際しては渇仰の情極めて強烈にして　他意左右を顧みるの暇なかりしなるべく　とても我々の間には此の如き熱中を見ること能はず候　愚痴と云ひ迷信と云はばそれ迄に候へ共　此時湧きかへりたる

血潮は即今我々の身の内を環るものにて　たわいも無き昔の努力も　凡て皆我々の存在と繁栄との為なりしかと考へ候へば（下略）（傍点筆者）（『石神問答』明治四三年）

すなわち柳田国男は、かつて日本の歴史の流れの中に、民衆の熱狂的に信仰する神々があり、これに熱中したわれわれの祖先たちの行動は、一見他愛のない事象であっても、なお今のわれわれの存在に大きな寄与をしているのだと説いている。潜在的に超時代的な心意が存在し、現在の日本人の行動・意識を律しているのだと指摘しているのである。同じ『石神問答』の中で柳田は、日本という国は巫覡歌舞の国であるといい、続けて「近世の流行神鍬神の如きは　本源伊勢に在りと申し候へども　其蔓延の極盛時に当りては　鉦鼓雑揉正に一千年前の修多羅神福徳仏の流行　さては大昔の常世の神の狂態に伯仲せしやうに候　御蔭参りと云ひ御祓の降りたる騒と云ひ　老人今も之を談ずる者少なからず　多数民衆の心理には究竟不可思議の四字を以て答へざる能はざる現象比々として多く候」（傍点筆者）とも述べている。

通時的な性格

流行神現象に通時性を認め、その基底に一種不可解な多数民衆の心理がおどろおどろしく淀んでいることを柳田国男は鋭く指摘しているが、ではいったい、なぜこのような現象が民衆の間に惹起しているのか、民衆の精神構造との関わりの中で、このことはどのように考えられるべきなのかといった課題には展開していない。柳田民俗学の浩瀚な学問領域の中で、ここで取上げる流行神の問題に対する究明は、実に遅々たるものなのであった。しかし柳田国男の示唆はきわめて印象深いものがある。日本が巫覡歌舞の国だというとき、流行神を含めた多様な民間信仰の諸現象を統一解釈するべき概念枠組が設定されねばならないだろう。

社会的アノミー

堀一郎による研究成果は、その意に添ったものといえる。堀は社会的アノミーの概念を日本宗教史の中に導入している。デュルケムがいうアノミーとは社会の規範喪失の状態を指すもので、社会の不安緊張が高揚して、規範喪失が起こると、これに刺激されて、新たな宗教運動と宗教組織が起こり、これによってアノミーは解消する、ととらえたのである。具体的には、第二次大戦後の新宗教運動を分析するのであるが、とりわけ新宗教の教組が共通して表出させている神がかりの状態を問題として、さらに日本的シャマンの宗教史上における位置づけを行なった。すると日本の原始・古代から現代までの宗教史の流れの中に、社会的アノミーに対応してシャマニズムが果たす役割がきわめて鮮かに摘出されてくるのである。巫覡歌舞を基調とする宗教現象に対し、堀は不安の理論を宗教史の枠組に導入して把握したのである（堀一郎『日本宗教の社会的役割』昭和三六年）。

流行の意味

ただこの論考は流行神を直接対象としているわけではない。われわれが本書で流行神を取上げようとするとき、その特性についていくつかの点を考慮しておく必要があろう。第一は流行＝はやりということであり、これははやることとするたることとを意味している。つまり信仰の発生と消滅が流動性を示す現象なのである。第二に流行ということは、空間的＝社会的な広がりと、時間的＝歴史的な流れをたえず保持しているものである。だから流行神についていえば、ある神格を中心とし、そこから伝播の方向があって、まず同信的心理に支えられた信仰圏が形成され、そしてそれは時代（世代）から時代（世代）へと移行して行く現象と規定できる。ところが、はやりすたるということが一定の時間内または一時代内で完結するならば、それは風俗現象としてとどまることになる。しかし流行神が次の時代に引継がれたとき、それは一時点での流行という風俗現象が中断したことになり、それはその時点において新たな意味と機能とを獲得した存在となる。それは発生時の原型が変容した様態を示すが、われわれには伝承力を伴った伝承態（民俗）となって表出してくる。換言すれば流行神の流行現象の中止とそれに伴う習俗化というプロセスが問題となってくるのである。

風俗と民俗

そこで流行神研究に課せられた視点として、われわれはまず流行神がある時点に流行している現象を風俗としてとらえると同時に、流行神が消滅または習俗化する過程に眼を及ぼしていく、それは民俗における時代性を明らかにする態度をとることになるだろう。

風俗と民俗との交関について和歌森太郎は、風俗の特性として、(1)特殊時代的表現 (2)伝播性・流行性 (3)時代史像をつくる (4)保守的施政から牽制される (5)上層階級、有力身分、都市生活者に顕わである、とする。次に民俗の特性として、(1)超時代・貫時代的慣行 (2)伝承性、非流行性 (3)時代史の根基、時代発展を制約 (4)開化的施政から忌避される (5)地方村落民のうちにより濃厚に表出する、といった諸点を挙げ、両者の交錯、転移、すなわち民俗の風俗化、風俗の民俗的沈澱のプロセスを歴史の中に求めようとしている（「歴史における風俗と民俗」『日本風俗史考』所収、昭和四六年）。本書では流行神がたんなる風俗にとどまらず民俗化して行く際に発現すると思われる民衆意識の構造を明らかにすることも意図している。そして時代性との関わりにおいてこれを江戸時代に絞ったことは、江戸時代の流行神が現代の民間信仰に大きな影響を与えるほどの伝承力を保持していると認識したからであり、いわゆる近代以降の民衆宗教との関連においてそれが有意義な機能を果たしていたことが指摘し得るという理由によっている。それらの実態については、次章以下でおいおい述べて行くことにしたい。

I　流行神の諸相

1　流行神の出現

世俗的な神と仏

きわめておおざっぱにいわれることであるが、江戸時代は民衆が貨幣経済を背景に進出する時代であり、それを裏づけとした民衆の積極的な思想と行動とを見ることができよう。そこに表出している文化構造は、一口にいって民衆のもつ現実主義的な人生観なり生活観を根底としており、それは宗教社会の中にも当然反映している。この時期の仏教が民衆支配の走狗と化し制度化すると、宗教としての本質とかけ離れ形骸化してしまったことになった。近世寺院が賑々しく民衆生活の中に開展していく姿は仏教の堕落化のプロセスなのだという見解が従来からひとしく認められてきた。しかしそれらを受容した民衆の側から視点を定めれば、仏教の形骸化・堕落化といった解釈だけでは済まされない問題がある。つまりそうした現象は逆にいえば民間信仰の殷賑ぶりを指すことであり、そこに潜んでいると思われる民衆意識の価値観を否定してしまうことになろう。たとえば神も仏もすべてが世間的になったという現象は、民衆の欲求に応じた新たな神仏観の表われと見なすこともできる。「朝観音夕薬師、鰯の頭も信心から」といった表現にも、従来とは異なった神や仏のあり方を予想させ得るのである。

この典型が流行神なのであるが、厳密にいうなら流行神仏ということである。ただし本書では、「流行神」の中に仏も含めて論述することになる。これは実はその信仰内容に神仏と区別する必要性が感じられないことによる。

流行神の情況

次にそうした流行神の情況を示す資料を掲げてみる。

〈事例一〉　百年前世上薬師仏尊敬いたし、常高寺の下り途の薬師、今道町寅薬師有、殊の外参詣多くはやらせ、上の山観音仏谷より出て薬師仏参り薄く、上の山繁昌也、夫より熱村七面明神造立せしめ参詣夥鋪、四十年来和州吉野山上参りはやり行者講あ

伏見稲荷の奥の院

り、毎七月山伏姿と成山上いたし、俗にて何院、何僧都と宮をさつかり異躰を好む、是もそろそろ薄く成、三十年此かた妙興寺二王諸人尊信甚し、又本境寺立像の祖師、常然寺元三大師なと、近年地蔵、観音の事いふへくもなくさかんなり、西国巡礼に出る事、隣遊びに異ならす、十年此かた讃州金比羅権現へ参詣年々多く成る。四五年此かた遠州秋葉山へ参詣有、今にて薬師、観音のはやること云出す人なし。

（木崎惕窓『拾椎雑話』）

これは、元禄―宝暦頃までの約百年間にわたる流行神仏の情況を、若狭国小浜においてとらえた記事である。次々と出てくる神仏は、薬師信仰にはじまり、観音、七面明神、吉野大峯山、仁王尊、元三大師、日蓮、地蔵、金比羅、秋葉山といった具合でそれぞれの時期にはやりすたりがはっきりしていたことが示されている。

太郎稲荷

このはやりすたりを端的に示す具体例として、江戸の太郎稲荷がある。太郎稲荷は浅草田圃の立花家下屋敷の屋敷神であった。この稲荷が天明・享和年間に流行し出したのである。『塵塚談』の記事によると、

〈事例二〉　浅草海禅寺の後の方に、立花侯下屋敷に稲荷の宮有、此屋敷拝領已来勧請有けるよし、宮の床下に狐穴あり、其外にも狐穴ありて、狐四五疋もこれあるや、白昼にも屋敷中を走り廻るよし、享和三亥年、いかなる故有しにや諸人参詣群集し、近辺酒食の肆夥しく出来、賑やかにありしか、半年も過けれは、参詣人まれにて元の田舎のことし、俄に盛るものひさしからすといふ理なり（傍点筆者）

『わすれのこり』によると、この太郎稲荷は天保の頃にふたたび流行しだしたという。どういう端緒なのかはっきりしないが、突如として流行しだすことがあり、それが束の間のことでまたおさまってしまう。こういう流行のくり返し＝再生産が、流行神信仰の基底にあったことが指摘される。

翁稲荷

次にどういう情況のもとで流行神が出現してくるのか、一例をあげてみよう。

〈事例三〉　宝暦のころに日本橋青物町の道の道路補修があった際、地面を掘ると一物を得た。洗い清めると古銅製の老翁で稲を荷っている像なので、町内の者たちはこれは尊いものだとして鎮守にしようとして番屋に置いておいた。ところが番屋は悪者の罰を糺す場所なので不浄であるという者があり、町支配の者が元四日市町の火除空地にささやかな祠を立て翁稲荷と号して祀ることとした。小祠だから近所の者さえ、その存在を知らぬ者がいるという程度の祠であり、いつも戸を閉じて初午の日だけ開扉し、ふだんは近所の童たちの遊場になっていた。ある年、境内の清掃を人に頼んだが、雇われた男は祠の近くで小便をした。仲間の者が、清めて詫びるようにと注意したが、頑として従わないでかえって神のことを罵ったという。こういう事件があってから通二丁目に火災があり、彼の小便を放った男も消防にしたがったが、建物の牛梁が焼けて彼の男の上に落ちた。人々は辛じて男を助け出し家へ運んだ。この男は鳶職でろ組の人足午右衛門といった。重傷でただ息をしているばかりであったが、しばらくして突然眼をみはり大声で叫び「おのれ午右衛門、能くもわが場を汚すのみならず、却て我をののしることのにくさよ、世のみせしめにおのれを罰するなり、あらここちよや」といいながら、ぐるぐるまわって倒れてしまった。こういう動作を何度もくり返すうちに、午右衛門はとうとう死んでしまい、同じ仲間のろ組の連中は御詫として社地を清めて大きな石の水盤を奉納したという。これを見聞していた人々は、この神の祟りの凄さに恐れ入ってしまい、又その霊験のあらたかなことを知り、たちまち参詣する群集が増加した。宝前の献燈供物絵馬など数多く納められて置く場所すらなくなった。そこで境内を広くして石の鳥居を建て、石の玉垣を周囲にめぐらすという立派な構えとなった。地面には石を敷きつめ雨中に参詣しても困らないようになった。とりわけ毎月午の日は立錐の余地がないくらい、日参や百度詣での老若男女は列もひっきらずの有様だという。(『わすれのこり』上)

しかしこの流行神も「後年月うつりて今は少しさびれたり」と記されている。はじめ土中から得た神像であり、もったいないからというので小祠をたてて祀りこめた。そこまでは何の変哲もない民間の小祠であった。ところが突然無礼をした鳶の者に神がかりがあり、その神威の強さを人びとに知らしめた。これを契機として流行神と化するのであった。とりわけ人通りの繁多な日本橋近辺であったから、人の口の端に上り易く、あっという間に世間に知られるようになったのである。稲荷信仰は、後述するように憑き物がその基幹にある。流行神の出現には、それを受容する民衆にアッピールされ得るような奇瑞がなくてはならない。翁稲荷と称する流行神も土中出現の神像が神罰をもたらす霊験を示し、神がかりにより神威を宣伝することで信仰対象と成り得たのである。そうした場合、霊験を解説する宗教家がそこに介在することが予想される。右の資料では、具体的にあげられていないが、稲荷行者または神主が、まことしやかに霊験を説明したことが推測されるだろう。

五瀬明神

兵庫県洲本市鮎屋にある五瀬明神は、江戸時代の流行神の一つの事例である。これは戦国時代の武将がこの地まで追われてきて、村人に匿まうよう求めたが、村人はこれを断わったため、かの武将は大いに怒って「汝七代に祟るべし」と言い捨て、山中で自殺してしまったという。その後悪病が村にはびこり、これは明らかに、死んだ武将の霊の祟りだというので、その御霊を鎮めるために祀ったのだと縁起は記している。

この段階では、まだ流行神だとはいえず、その霊験などさだかではなかった。ところが、寛政十(一七九八)年八月ごろから、突然多数の参詣者を得るようになった。そのきっかけは、たまたま病人の夢枕に、甲冑を帯びた武士が現われ、もし病気を治したいなら、五瀬に詣ればきっと平癒させるというお告げをしたためだという。そこで病者が早速詣るとたちまち病気が全治した。これが噂となって広まり、多くの参詣人がくるようになり、かつては村の一角に祟る神として祀られていただけの五瀬明神は流行神化して著名になったのである。

五瀬明神は、ゴゼ明神と発音する。このゴゼを神名とする流行神が、洲本市一帯にはきわめて多いのである。近世には御前明神とかおいと御前とか美御前、東の御前、西の御前、富御前といった小社があったという。

富御前にまつわる伝承では、この社はかつて洲本市浄泉寺の境内の大きな楠の根元に祀られていた。それは富という女性の墓と伝えられ、近所の子供が遊んでいて戯れにこの樹を穢したりするとたちまち祟りが起こったという。富という女性は容貌の甚だ醜い老婆であり、この老婆が死ぬとその霊魂が火の玉となって、近辺をとびまわったり、人の姿となったりして人々を恐れさせたので、近所の人達がたまりかねて楠の下に小祠をたてて祀りこめたのだという。富御前が女性であったという説明は、明らかにこの祭祀に関与した女性宗教者の性格を知るのに示唆を与えている。

一般に御前（ごぜ）は盲巫女としての瞽女（ごぜ）に通ずるものがある。洲本に住む瞽女はきわめて多く、遊芸の徒でもあったが、別に憑き物落しなどにもたずさわっていたらしい。霊力を重んじられ、死後祠られて御前と崇められたのである。先の五瀬明神が御霊として祀られている段階から流行神に昇華するプロセスにおいて、ゴゼ=盲巫女の介在があったように思われる。

民間宗教家の関与

流行神出現に際して民間宗教家の関与がかなりの役割を持っていたことは明らかである。次に若干の事例をあげておこう。

〈事例四〉 宝暦六年に下総国古河にて、御手洗の石を掘ると弘法大師の霊水が出てきて、盲人、いざりはこの水に触れると眼があいたり腰が立ったという。この水に手拭を浸すと梵字が現われたりして、さまざまの奇蹟があった。そこで江戸より参詣の者夥しく、参詣者は、竹の筒に霊水を入れて持ち帰る、道中はそのため群集で大変混雑していたという。そもそもこのように流行したのは、ある出家がこの地を掘ってみよといったので、早速掘ったらば、清水が湧き出てきたのだという。世間では石に目が出たと噂されて流行したと伝えられている。(喜田有順『親子草』)

これは一般に全国的に分布している弘法清水伝説と関連する内容であるが、出家(旅僧)の言葉で石から清水が湧き出したことから、霊験があると巷間に伝えられて流行り出したのであった。

こういう話はきわめて多いのである。次に若干類例をあげよう。

〈事例五〉　広島市の草津という所も、旅僧が来て水の出る所を教え、老婆が掘るとその通りであった。その水により、老婆の病気が治ったので、泉の出る所にあった大きな石が祀られるようになり、多勢の参詣者を集めるようになった。この奇蹟は、昭和に入ってからのことであるという。（宮本常一「はやり出す神」『民族文化』八）

〈事例六〉　福井県大飯郡立石の小字小谷の地から、大正九年に掘り出された長さ一尺五寸ばかりの尻が欠けた地蔵がある。この地蔵は乳の出ぬ者、盲の者に霊験があるといい、願を掛ける者が実に多い。この像は、立石に住む松岡イソなる者の姉妹が、薪を拾いにこの場所へ来た時、黒飴玉が落ちていたのを拾って食べた。ところがその夜夢中にそこを掘れという託宣があり、掘り出したものである。翌年同じ部落の女性たちが、いずれも霊験に浴したので、急に世人の信仰を集め賑わうようになったのである。（『大飯郡誌』）

〈事例七〉　この事例は宮本常一の体験によるものである。山口県大島郡家室西方村西方（現、周防大島町）で明治末期に起こった流行神についての報告である。今から四〇年ほど前に、村の美男の大工が旅で女をこしらえ、そのまま つれなくして戻った。

大工には妻子がいたが、捨てた女は後から追いかけてきてそのことを知り、怒って狐をしかけた。その狐に苦しめられて男は足が腐りはじめたり、女の魂が火になって男の家の屋根の上を飛んでいたという。この狐を祀ったのがチンジュさんといって、瓦焼の小祠となり畠の隅の松の木の下に祀られたのであった。この小祠には誰が参るともなく赤い幟がたっていたが、とりたてて人目に立つほどの神様ではなかった。ところが、それから三〇年位たって、胸を患った娘がちょくちょく参っていた。それから間もなく身体の具合を悪くした宮本がブラブラ散歩がてら、この小祠に参ったことがある。するとその後噂に宮本の息子はチンジュ様を拝んで病気が治ったといわれたそうである。またほどなく、目を悪くした中年の男二人が信心しはじめた。この二人の男はともに利巧な方ではなく、財産もなくしてしまったお人よしであった。二人の者が大きな声で毎晩心経をあげるのが、四町や五町先まで聞こえたという。そのうち一人の方に神がかりがあるようになった。その頃になると、祠の前にトタン屋根の拝殿ができ、さらに立派に改築されて、赤い鳥居も作られ、信者も増加した。その名もチンジュさんから、荒熊神社となった。とくに効験があるとは聞かないが、神のおさがりを願って、それができたことで、神の霊感が広く知られるようになったのである。

（宮本常一「はやり出す神」『民族文化』八）

発生の仕方

右の話は明治末から昭和の初めにかけて、しだいに流行神となっていった一小祠の事例である。流行神の発生の仕方には、たえずくり返す要素がある。まず最初に奇蹟または奇瑞のようなものが現われる。それは夢中の託宣であるとか、土中から神・仏像が掘り出されたりする。そしてその祟りがあったりして、神の霊験が説かれるようになる。その霊験が人々の口の端にのるような縁起が作られる場合、そのもっとも効果的なのは、神がかりがあって、その神の祀られるべき理由が、人々の眼前で示される場合である。

神出現の方式

いったいに流行神の出現形式としては、(1)天空飛来、(2)海上漂着、(3)土中出現の三タイプがある。今まで掲げた事例は(3)土中出現型が多いが、(1)天空飛来型といえば、伊勢信仰の飛神明や、江戸の流行神として著名な大杉明神などがあげられる。これらはいずれもある種の奇瑞を伴って、天空を飛来し、特定の地に出現して祀られるという形式をとっている。(2)海上漂着型も沿岸部の神社などに類型的に見られる現象で、海上より漂着した神体、仏像などが拾い上げられ祀られる形式であった。これら三つのタイプが、次の段階において流行神仏となるためには、とりわけ霊験を説く縁起を誇大化して宣伝する場合と、神が

かりにより霊験の印象を強める場合とがあった。これらを図式化すると、

	天空飛来	霊験の威力化	
前兆、予兆（夢中託宣）	海上漂着	縁起付加	流行神仏
	土中出現	神がかり、託宣	

となるだろう。

この現象は、明かに通時性を示しているのである。宮本常一は、前出の資料を記した後、次のように述べている。「何処に原因があるものか、かういふ信仰は決して衰へないで、むしろ盛になる様な傾向が多い。唯共通な現象は女が最初にさわぎ出す。併し中心になっているのは男の様である」と。しばしば霊界からの暗示にかかり易いのは女性であるといわれるが、これを現実に普遍化させ、信仰体系を整えるのは男性だという指摘は興味深いものがあろう。

2　願かけの諸相

願かけの意味

霊験あらたかな神仏に願をかけることは、民衆の素朴な信仰行動の一つの形態である。願かけ＝祈願をだれがするのかという、主体を基準として分類すると、一般に共同祈願と個人祈願とに分けられる。共同祈願は、その主体が、村落全体である場合と、村落の一単位（組とか講）である場合とがある。要するに家連合が共通のご利益に関わる祈願を行なうのである。そのもっとも代表的事例とされたのは、雨乞い、虫送り、疫病送り、風祭りなどである。

雨乞い

雨乞いは雨をもたらす水神に対する祈願行為である。その方式はさまざまある。水神はふつう村の中の特定の地や、山奥の滝壺に宿っていると思われているので、日照りが続いて、農業生産に支障をきたすようになると、各家から戸主が出て、その場所へ行き、水神を刺激するような呪法を行なった。たとえば池や滝壺へ汚物をわざと投げこんだり、水をかきまわしたりする。あるいは、村の氏神の社殿にお籠りをする。一週間ほど精進潔斎して祈願した。それでもだめな時は、山頂で千駄焚(た)きをした。村の山でも四方に遠望のきく頂上に、村中の者がそろって集まり、薪を積み上げて火をつける。黒煙がもうもうと天にのぼり、村人たちは竜王や水神の名を叫びながら、雨が降るようにと祈るのである。これは一種の降雨術であるが、山頂は水流分源の地点であり、天にもより近いので、平地で行なうよりも積極性を増すことになる。この雨乞いは、村全体の農作物の危機に直面して、懸命に実修される呪術なのである。

虫送り

虫送りの行事は、稲作を阻害する害虫を追放するものである。害虫をもたらすのは、悪神のせいだと考え、悪神の霊をこもらせた人形を作る。巨大な藁人形で、それを行列の先頭にかつぎ、鉦や太鼓を打ち鳴らし、松明をかかげ、大声ではやしながら、田のあぜ道を行ったり来たりした。そして最後には、村境までやってきて、その人形を焼いてしまうか、川へ流してしまう。この行事を西日本ではサネモリ人形とか、サネモリ祭という地域があるが、サが田の神を意味するところから、この祈願が田の神に対するものと考えられている。

疫病送り

疫病送りも、やはり強力な祈願の一つであった。伝染病に対する恐れは、今も昔も変わりはないが、医学の発達していない時代にはとりわけ防止する手段が、神仏に頼るほかはなかった。どこか近くの村で流行病が広がり出すと、村境や村の入口の路上にシメを張り、大きな草履やワラジを吊り下げたりする。伝染病をもたらすのは、行疫神や疫病神の仕業と考えられ、こういう悪神が侵入せぬように行なう呪法である。大きな草履やワラジは、悪神に対する脅しであり、お前たちよりももっと恐ろしい神々がこの村には滞在しているのだということを表現しているという。また悪神の侵入路を切断する儀礼を伴い、これを道切りと称していた。しかし村内に病人が出てしまうと、今度は疫病送りをすることになる。先の虫送りと同様に、悪神をこもらせた形代（かたしろ）としての人形を作り、大声ではやし立てながら村境へ放逐しようとしたのである。村境の川へ小舟を浮かべ、そこに人形をのせて流したり、海辺の村では、沖の方へ流してしまう。関東から東北地方では、この人形を鹿島人形といったり鹿島大助ともいう。そして送り出す行事を鹿島送りといっている。鹿島信仰が悪霊祓いを機能として持っているので、鹿島信仰の信仰圏内では、そうした名称が冠せられたのである。

吊り下げられたワラジ、葛飾区葛西神社

病気治し

村内の病人がますます悪化してくると、これは他所事ではない。村全体の災厄の一つと思い、なんとか病気回復をはかろうとする。その際の祈願行為もさまざまある。重病で、瀕死の状態だと、村中の者が交代で、氏神へ千度参りをした。何度も何度もお参りしながら、拝殿をグルグルまわり、神前でトキの声を放った。また村から屈強の者を選ぶ。その者たちは、裸形となり、鉋を振りまわしながら、村中をかけめぐった。神奈川県津久井郡津久井町では、村に大病人が出ると、村の男女が別々に出て、氏神の拝殿に松葉をさした徳利を持参し奉納したという。鳥居をくぐってから、大豆をこの徳利に向かって投げつけるという動作を百度くり返す。これをタビマイリといっている。この場合、投げた大豆が松葉にひっかかれば病気が回復するといっている。いずれも氏神の霊力を、祈願した者たちに集中させようとするために考案された呪法なのである。

共同祈願

病気治しの願かけを村全体で行なうのが共同祈願の基本といえる。こうした連帯が強固なのは、いったいに農村部であり、現在われわれが民俗として認知しているのは、ほぼ近世村落で形成された行為といえよう。また祈願の主体が村落全体であるよりも、村内の生活単位集団である組とか講とかである場合も多く見受ける。それは病気治しの祈願行為に多く現われるのであって、村落構造の変化に伴って社会組織のあり方が、村落共同体の中身を変化させ、かつそれが祈願単位に影響を与えたものといえよう。簡単に図式化すると、

村人挙っての祈願 → 村人の一部による祈願（地縁集団（組）→ 心縁集団（講））

といった変容をたどっている。

個人祈願

以上のような共同祈願の型とは別に、個人的心願で、個人的に神仏に願かけをするいわゆる個人祈願の型が見出される。この場合、個人の存在が共同体内部に埋没していると、個人祈願の型は生まれてこない。個人個人の毎日の生活が、順調に行くならば、それがそのまま維持されるように、一方挫折したならば、それがふたたび元に回復するようにと、

神仏に願をかけるわけで、その場合には、連帯した共通利害ではなく、あくまで個人的な利害から発している。こうした現象は、共同祈願を軸として神仏に祈願行為を行なうような村落内部には成立しにくい。逆に都市社会では、人間関係が相対的に稀薄なのであり、共同体的意識の枠を超えた個の存在が顕著であろう。個人の苦悩が、個人の心意に基づく祈願行為によって解決されると判断される。そこで個人的欲求が祈願の内容に反映しており、画一化された共同祈願にくらべてきわめて豊富な信仰現象を示すのである。それは結局、霊験の多様さを願かけする側の民衆の方から要求したことであり、多様な霊験をもたらす多様な神仏がそこに創造されることになる。こうした宗教現象は、流行神の成立基盤の前提であった。そしてそれはとりわけ江戸時代の宗教社会のうちで人口密度の高い都市社会に特徴的な現象といえるのである。

流行神と願かけ

さてそうした都市的な個人祈願の対象になっている流行神仏の様相を眺めてみよう。

〈事例八〉　流行神仏の供物

伝通院山内沢蔵司稲荷には蕎麦を備ふ

浅草奥山三途川老婆王には甘酒を備ふ
巣鴨とげぬき地蔵尊には豆腐を備ふ
大久保鬼王尊にもとうふ備ふ
駒込片町地蔵尊には炮烙を備ふ
因幡町庚申堂には塩を備ふ
赤坂榎坂の榎に歯の願を掛け楊枝を備ふ
小石川源覚寺閻魔王に蒟蒻を備ふ
内藤新宿正受院の奪衣婆王には綿を備ふ
駒込正行寺内覚宝院霊像には酒に蕃椒を添備ふ
浅草鳥越甚内橋に瘧の願を掛け甘酒を備ふ
谷中笠森稲荷は願を掛る時先土の団子を備ふ
大願成就の時に米の団子を備ふ
小石川牛天神後の牛石塩を備ふ
代官町往還にある石にも塩を備ふ
所々日蓮宗の寺院にある浄行菩薩の像に願を掛る者は水にて洗ふ
芝金地院塔中二玄庵の閻魔王には煎豆と茶を備ふ　此別当は甚羨し　我癖として煎

豆を好む事甚し　身のすぐれざる時も之を食すれば癒す
四谷鮫ヶ橋の傍へ打し杭を紙につつみて水引を掛けてあり、これ何の願ひなるや未だ知らず、後日所の者に問はん
永代橋には、歯の痛みを治せんと、錐大明神へ願をかけ、ちいさき錐を水中に納む
（『わすれのこり』下）

右の事例は、文化文政期ごろの情況を記している。とりわけ江戸という都市社会に表出している願掛けの諸相がよく示されている。このうち、地蔵、閻魔、鬼王、奪衣婆、三途川老婆、浄行菩薩などは、寺院の境内の持仏の一つであり、いずれも粉飾した霊験譚を付して、宣伝されたものばかりである。稲荷は流行神の典型であり、牛天神は金杉天神として江戸の草創期からの古社の一つであって、それぞれの素姓は一応はっきりしている。

橋と川

ところで橋とか川にとくべつ願かけしていることが眼をひくだろう。川は境界でもある。この境界はたんに空間上の境界であるだけではなく、隠れた世界との境界でもあった。川上に橋がかかると、その地点だけが境界を越えることができるわけで、橋の存在は、外界

から襲来する災害を防御するための唯一の地点ともなった。そしてこうした場所にはそこを守る神霊が存在するという信仰が生じた。それは柳田国男の指摘するところであるが、橋には古来より神霊がやどっており、橋姫という女神となって人々に祀られているのだという（柳田国男「橋姫」）。橋や川が願かけの場所に選ばれているのも、そこに強い神威が働いているためだと意識されていたからである。

永代橋へ願かけ

江戸の永代橋において歯痛の者が、願かけして錐大明神に祈るという現象は、他の大橋にも見られたことであった。

〈事例九〉　錐大明神

両国橋のまんなかにいたりて、飛驒の国錐大明神と念じて北の方へむかい、錐を三本づつ川の中へ流して、疱瘡のわずらいを平癒なさしめん人は願かけするに日あらずして忽あとなくいゆる事神のごとし、平癒してのち、ふたたび錐を三本川へ流し、礼拝なせば、ふたたびあらたかに発すべしとなり。おのれが年をしるし橋上の番屋にいたり、しゅじゅのわづらいを歎いて錐を求め某日より某日なんときまで精進して、飛驒

国錐大明神ととなえてしんじんなすべし
断物、いわし　ひしき　ごまめ　たたみいわし　縁日卯の日
右三ヶ年の間　禁ずべし　（万寿亭正二『江戸神仏願懸重宝記』）

錐大明神は、要するに大工の用いる錐を呪具として崇拝しているわけであるが、錐が使われるのは、願かけの念力が深く通じるためなのである。その際断物（たちもの）として、いわし以下四品の食物をあげている。神仏に特定の願をかける限り、その人の意志が神に通ずるためには、精進潔斎を厳しくすることが基本的な心構えなのであった。

橋のぎぼし

橋そのものに願かけをする事例もいくつかあり、その際橋のぎぼしが選ばれていた。

〈事例一〇〉　京橋のらんかん北側のまんなかなるぎぼうしに荒縄をもって、頭痛の願かけするに治すること神のごとし、平癒のとき青竹の筒に茶を入れてこれをそそぎかけ　またかのぎぼうしにかけおくなり（中略）
京橋のぎぼうしにおなじすべて橋のぎぼうしに願かけする事東都のみにあらず、洛陽

五条のはしにいたりて欄檻に願かけなし、煎餅を加茂川へながして歯のいたみいのる、橋は大勢の人気のよるところなるがゆえなるべし、四ッ谷のさめづばし、麻布の笄ばしなど、いづれも頭痛又は小児百日咳の願かけ也

（前掲『江戸神仏願懸重宝記』）

橋のらんかんのぎぼしが願かけの対象となっている。そのぎぼしの特異な形が、神の依代めいたように思わせたのであろうか。有名な大橋にはどこにも見られたのであり、一種の流行現象なのであった。病気治しの内容も歯痛に限らず、頭痛や百日咳、疱瘡などがあげられている。

瘧の神

浅草鳥越橋も願かけの対象となっているが、これは瘧に霊験があるという。その縁起は、慶長年間（一説に元禄年間）の盗賊として知られた幸崎甚内なる者が、瘧を患って、鳥越橋で捕えられ、処刑される時、「われは死後に瘧のわづらひある人我に願ふものは忽平癒なさしめん」といって息絶えたのだという。そこで化政期ごろには、瘧に苦しむ者が、鳥越橋に来て、自分の年を紙に記して川へ流す。そして治った時には、竹筒に水を入れて川へ投じ、甘茶や甘酒などを供えたという。生前に難病に苦しんだ者が、死後同病の者を救

済する神になるというのは、いわゆる霊神信仰の一つのタイプであるが、これが橋への信仰と結びついている点が興味深い。

川の流れと悪霊祓い

川の流れというものが、悪霊祓いの意味をもっていることは、日本の民俗信仰に徴してみても明らかなことである。洗い浄める行為としての禊ぎにそれは端的に示されている。民間行事のさまざまの儀礼、たとえば人形流し、疫病送りなどで川の流れへ悪霊を追いこみ祓ってしまうこともよく知られている。流行神現象の中では、それは先の願をかけて錐を流したり、自分の年を書いた紙を川へ投じたりする行為と同じ心意なのである。

〈事例一一〉 江戸小網町より茅場町へわたる間の鎧の流しは、此川中の流れ引潮にてささえる間もなし（中略）諸国の荷舟行がよい、繁きゆえ水のおだやかようなるときなし、此潮のまん中なる水を汲て湯にわかし、疱瘡はしか前の子に湯あみさすればいたってかろしという。百日咳などすべて小児のやまいこれをすすけば、夜なきなど止こと神のごとしといえり。

（前掲『江戸神仏願懸重宝記』）

このような流れの早い川の水をとってきて湯浴みに用いると、霊験あらたかであるという呪いも、禊ぎをすることに通じており、川の水の持つ浄化力を重んじたためである。

三途川の老婆

川が境界であるという観念は、この世とあの世の境界という意識に投影されていた。三途川はその一例であり、仏教からの解説もあって、地獄へ落ちる前にわたらなくてはならない三途川のイメージが広く庶民の間に浸透していた。三途川をわたる際に、そこには恐ろしい老婆がいて、亡者の衣類をはぎとるのだという信仰が、地獄の閻魔信仰に伴って展開していた。この老婆を奪衣婆（だつえば）といったり、三途川（そうづか）の老婆、関（石）の婆といった。江戸時代中期に、寺院境内に奪衣婆の木像が数多く作られている。

浅草奥山の三途川老婆はその代表的な事例であった。この老婆の像は前歯が二本欠けていたので、この木像に歯痛の者が願かけすると、平癒すると信じられた。願が成就したときは楊枝を供えるという。たまたま欠けていた前歯から連想されてたちまち歯痛の神に変じてしまい、流行神となったというわけである。三途川の岸辺に関所をもうけているというので関の婆という呼び名がある。元来は懸衣翁（けんえおう）という老爺も一緒にいたということは「仏説地蔵菩薩発心因縁十王経」にも記されているが、多くの場合、老爺の像は見られない。老婆の方が、信者に親しまれ易かったのである。

せきの婆さん

関と咳を読みかえて、咳の婆さんの名称でよばれ、子供の咳の病いに願かけすれば平癒するといわれていた。古くからの民俗信仰で、池のほとりに姥が住んでいて、子供の安全を守護すると信じられていたから、関の婆は、この姥神信仰を素地にして成立しているといえよう。江戸で関の婆が流行神になったのは、悪性の感冒が流行した年であった。感冒がはやると、恐ろしい顔付きをした老婆が、誰其の家に入って行くと思われ、その老婆の姿を見たら、急いで近くの関の婆さんに参詣すれば早く治ると説明されていた。

〈事例一二〉木挽町つきぢ稲葉侯の御屋敷に年古き石にて老婆のかたちを作りなしたる石像あり、諸人たんせきのうれひをのがれんことを願かけするに、すみやかに治する。願ほどきは、豆をいりて供ずるなり、小児百日ぜきすべて咳になやむ人これを信ずること往古よりの事なりとて諸人是を石の婆さまと称す

（前掲『江戸神仏願懸重宝記』）

関の婆、群馬県利根郡片品村

これを見ると、石の婆さんは築地二丁目稲葉対馬守の中屋敷に祀られる屋敷神であった。このことは十方庵の『遊歴雑記』にも記載があり、この石の婆だけではなく石の爺ももとは一緒に祀られていたという。ともに二尺あまりの天然石で、婆さんの方は柔和な顔つきをしていたが、爺さんの方は恐ろし気な顔をしていたという。両者ははなはだ仲が悪く、一カ所に置くときっと爺さんの方が倒されてしまうというので、少し引離して祀っておいた。咳の願かけの時は、かならず豆やあられなどの炒り物を煎じ茶とともに供えた。霊験あらたかな願かけの仕方は、はじめに婆さんに咳を治して下さいと頼み、ついで爺さんの所へ行って、婆さんだけではおぼつかないから何分よろしくと祈願するのがよいといわれていたという。明治に入ってからは稲葉家の菩提寺の弘福寺に引移されて、咳の神であるよりは、腰から下の病気に霊験ありといわれるようになって、供物に履物などが供えられていたという。

石の婆、石の爺は、稲葉家の屋敷神となる前には、小田原から箱根へ行く街道の道ばたにあったものだという伝承がある。男女二神を道祖神とする形態は、関東、中部地方に多いが、この男女交合の形は、外敵から防御する特別な力があると、考えられていたので、三途川の老婆・老爺のセットも、関所の境界を守る二神という原初的形態であったのではなかろうか。かたや仏教上の解説があり、かたや伝統的信仰からの発想があり、両者が合体して、庶民の間に流行神となったケースをここに見ることができる。

願かけの禁忌

流行神仏に願かけする際の供物は、神供なのであり、それは神の食物であるゆえに食べてはいけないものとされていた。願かけの期間中、断物のタブーとなる食物は、そうした意味に発する性質のものである。しばしば茶断ちがあり、その因由として、その神様が茶の木で目を突いたためだとも説明している。流行神となっている市ケ谷の茶の木稲荷などはその代表例で、当地の地主神である稲荷があやまって、茶の木で目を突いたため、氏子は茶を忌むという。毎年正月三カ日の間は、その故事に準じて氏子は茶を飲まないし、また眼病を患う者は、一七日とか三七日と日数を定めて茶断ちをしたという。

絵　馬

願かけする際、願かけの内容を神仏にはっきり知ってもらうために絵馬を用いた。手足が悪いと、その悪い部分だけをとり出して板に記し、神仏へ奉納するのである。民俗学者山中共古は、豊富な絵馬を十一種類に分けている。(1)記念絵馬、(2)守絵馬、(3)祈願絵馬、(4)感謝絵馬、(5)契約絵馬、(6)神仏の好物を捧げる絵馬、(7)奉納物を描く絵馬、(8)神仏の使

絵馬さまざま、流山市

を描く絵馬、(9)神仏体の絵馬、(10)十二支の絵馬、(11)神仏の特徴を描く絵馬、としている。さらに絵馬の研究家召田大定は、(1)神使に定められた物の絵馬、(2)十二支に因める物、(3)魚獲物とする絵馬、(4)禁食とするもの、(5)語呂の相通ずるものと、従来の分類をさらに整理している（召田大定『絵馬巡礼と俗信の研究』昭和四二年）。

流行神に奉納された絵馬をながめみると、歯痛に効く神への絵馬はきわめて多く、東京都荒川区南千住にある歯神には、錨をくわえた人物の絵馬、大阪府川辺郡の歯神には鰻の絵馬が奉納されていた（前掲書一八七頁）。名古屋市中区門前町七ツ寺には歯仏様があり、ここにはどういうわけか、羊の絵馬が奉納されていた（前掲書一七一頁）。

〈事例八〉でもあげた大久保の鬼王神社は、腫物に悩む人たちが願かけする所であるが、鬼王は荒神の姿をしている。この鬼王の面を絵馬にして奉納しているのが多い。牛の角を持った鬼面が描かれていた（前掲書二〇四頁）。盗賊・火難除けで知られる武州秩父の三峯神社の絵馬はお犬さまの姿で、恐ろしい眼付きをした二匹の山犬が向かい合ったものである。三峯は山岳信仰の対象として、江戸時代に流行したが、その神使としてお犬様が崇められていたのである。こうした絵馬の類を観察してみても、神仏の願かけに秘められている祈願の切実さがあり、その思いが神仏に通ずるようにとの意図を汲みとることができる。流行神の霊験は、きわめて機能化し多様化したものであるが、そうなっているのは、やはり都市社会における人間のニーズの多様化によるものだろう。そこには、毎日の生活が安寧かつ順調に行くことを願う素朴な心情が第一義のものとしてとらえられるのである。

3　流行神と地域社会

地域社会との関係

流行神と地域社会との関連を考える上で、二つのアプローチがある。一つは、流行神が地域社会内部から発生し、拡大して行き、やがて他の地域社会へと伝播して行くケース。他は、逆に他の地域社会から伝播してきた信仰が、地域社会の内部へと沈着して行くケースである。二つの方向は表裏一体をなすものであるが、流行神が生成され、伝播されて、受容され、沈着して行くそれぞれの段階には、それぞれの地域社会において流行神を必要とする条件があったわけである。次に三つの事例をとりあげながら、そうしたプロセスを考えてみたい。

一　古峯信仰

鬼の住む所

栃木県鹿沼市西大芦の山間部、日光連峰の裏山にあたる所に、古峯神社がある。この神社を中心とする古峯信仰は、現在では東北一円から関東北部一円の農村地帯に、火難除けの霊験あらたかな神として知られる流行神の一つである。『海録』によれば、「日光の在にこぶが原とて、前鬼隼人後鬼といふ者の住める所也、この地名は金峯原とかけり、此所につきて奇怪の説世に多かれど、皆うそ言にて信ずべからず」とあり、江戸時代には修験の色彩の濃い霊地の存在が知られていたようである。『日光山志』によると、「日光山御領の内、大草郷地名古峯原といへる所に、石原隼人住す」といい、この石原家の先祖は、「役小角に仕えし修行者にて即妙童鬼が子孫なる由、旧くより此所に住し、当山内の役者、彼家へ行きて一泊し、夫より入峰修行すること古来より例なりし」と説明されていて、古峯信仰の管理者である石原家が、役小角の系譜を引く修験者の末裔として定住した跡をしのばせている。

古峯神社石塔、福島県会津若松市

宮司石原家

石原家は、代々宮司をつとめ今日に至っているが、当家の由緒書では、日光山開創の伝説的僧である勝道上人の修行を助けた因縁で、現在地に住みついたのだといわれている。いずれにせよ、日光修験と深い関わりを持ち、その霊験を機能的に説いていたのが、石原家であったらしい。

巴の宿

古峯神社の奥山に奥の院と称される巴の宿がある。巴の宿は明治七年まで行なわれていた日光修験の入峯修行の際の宿の一つであった。春峰は花供生の峰とよばれ、毎年三月三日から始まった。まず日光四本龍寺に参集し、十一日間予備修行を行なってから、十三日に出発する。その道筋は、小来川、古峯原、巴の宿、旭嶽、地蔵嶽、寒沢の宿、薬師嶽、細尾峠、茶の木平と通って、最後に中禅寺歌ケ浜に着くのが四月四日であった。この間巴の宿には七日間こもって修行するのであり、この地はもっとも重視されていた。この巴の宿での修行中、石原家が食料や薪水の世話をつとめたのである。

それは勝道上人以来の役割だといわれている。入峯修行者たちは、巴の宿参籠の前日、かならず石原家に来て、水行をして潔斎し、出発した。石原家の女中をしていた老女の談によると、多数の僧が入峯のためにまず石原家に一泊し、翌朝、石原家の前の小川で、百回の水垢離をとり、それから横根山深山巴の宿へ向かったという。そこで修行者たちが祈願している間、石原家の主人は毎日登山して、行者たちの安否をたしかめて日光の本坊へ報告していたが、その内容については家人に決して語らなかったという。

（『日光町史』）

石原家と日光修験

このように石原家は日光修験との関わり合いにおいて、宗教的機能を果たしてきたのであり、その限りにおいては、民間の流行神信仰へと発展して行く要素は直接にはなかったといえる。

石原イットウの氏神

ところで古峯神社は、明治の神仏分離後の名称で、神社名をかかげて主神を日本武尊としている。それ以前の段階には、不動尊または金剛童子が祀られ、それが石原家の持仏的存在であった。この持仏は同時にこのあたりで一般的な氏神としての意味を持っていたのである。西大芦村で氏神という場合、三つのタイプがある。(1)坪ごとに祀るもの、(2)イットウごとに祀るもの、(3)個人で祀るもの、である。(1)の坪とは、地縁的結合で、西大芦村上大久保二一〇戸のうちで、四戸が稲荷社を、一四五戸が神舟神社、六〇戸が八坂神社を祀っているが、それぞれ坪が単位となっている。ただ石原家のみ勝善神社を氏神として祀るのが例外であった。(2)のイットウは、血縁的結合であり、西大芦村八岡部落の柴田イットウが稲荷神社を祀っている。宝暦十三(一七六三)年八月の棟札には、「神主柴田四良左ヱ門、氏子柴田万太郎、柴田金右ヱ門、柴田権右ヱ門、柴田次郎左ヱ門、柴田庄蔵、柴田定七」とある(『西大芦村誌』)。神主となっているのは、柴田イットウの本家であり、典型的な同族祭祀の形態を示している。こうした例は、下大久保部落の樫淵イットウの滝尾神社、塩沢部落の上沢イットウの稲荷社、白井平部落の大貫イットウの稲荷社があげられ、古峯神社も本来は、これらと同様な石原イットウの氏神といえるのである。というのは、古峯神社のある草久部落の八戸は、すべて石原姓であり、その中で神主の石原家は、総本家にあたっており、総本家の氏神は、かつて修験の定着する段階では、持仏であった不動尊があてられていたと思われるからである。

金剛童子

もともと、日光修験との関係から、村内にあって、石原家は宗教的権威の高い存在であった。この家で祀る氏神としての金剛童子は、日光より勧請したものと由緒づけられかつ霊験高い存在として、説かれていた。金剛童子に対しては、村人たちによって金剛祭りが営まれていたのである。旧三月中の吉日に、各坪より、年行事と称する当番二名ずつが出て古峯の神輿をかついだ。年行事のうちで、大年行事の家が一戸定められていた（大年行事を釜番ともいう）。神輿は村をめぐって、最後は釜番の家にとまった。そこへ石原家の神主がやって来て、お祓いしたのである。石原家が勧請した金剛童子は、村全体の産土神的な存在へと昇華しているのである。また旧三月中に、西大芦村から代参があって（各坪ごと二名）、古峯に参り、霜除けの札をもらって、各家に配ったという。

第一次信仰圏

西大芦村という地域社会との関連からとらえられる古峯神社は、いわば第一次信仰圏に相当するものであり、石原イットウの氏神祭祀に日光修験が介在して、より霊験を強め、地域社会の守護神としての機能を持つに至ったといえる。そしてこの次元では、まだ流行神としての古峯の霊験は強調されていないのである。では、いったいどういう理由で、古峯の火伏せの霊験が世に知られるようになったのだろうか。この点を考える上では、地元の地域社会より遠隔地の地域社会での受容のされ方をとり上げる必要がある。

火災の恐怖

現在も、古峯信仰がきわめて濃密に分布している東北地方の農村に、火災の多いことは歴史的事実であり、それは一般に気候状況からも説明されている。そして、火災の恐ろしさは、地域住民の身にしみて知るところであり、この災難は何としても避けなければならないのである。村の定法に火之番が定められていた理由もそこにある。すなわち「火之番の儀毎年二月十五日より五月朔日まで（中略）村之大小により昼夜番人を指置火之番相勤候風吹候節は昼夜共に増番申付候　百姓水呑共に竈を以番人出申候但肝煎首小走は風吹候節は村中廻用心申付候」（『耶麻郡誌』）とある。すなわち村々には番人がいて、もし強風が吹いた場合は、各家から増番がでた。また肝煎とその下にいる小走とは、風が強く吹くとただちに村中を火の用心で歩きまわらねばならなかった。さらに消防については、「火桶高石ニ付二ツ宛まとい、一村に一本宛支度致し火事の節右役桶為肝煎先立而駈付火消申候、四五里近所の火事の節は、村中に有合候者不残銘々手桶致持参火消申筈に定置候」（『耶麻郡誌』）とあって、万一火災が発生したならば、肝煎を先頭にして、村中各家が残らず持っている手桶をもって、全員で消火すべきことを定法としていた。火災がいかに共同体全体の重大な関心事であったかがわかる。

三月中より五月迄、壺村切に高番所を造り昼夜一ヶ所に弐人宛番人を指置、其上一日に何人宛と火消番を順番に定め置、出火有之時は火消番を引連れ、肝煎地首指添、火事場へ走り、ちょうとうは小ちょうちんともに、高田組何村と書記、且風吹く時は肝煎地首共に昼夜村中を巡り、火之用心申付る。

（会津藩『風俗古例帳』）

このような火災に対する対策とは別に、気持の上でも火難除けを求めて、さまざまな行動を示していた。たとえば、二月初午の稲荷祭には、茶を飲んではいけないという。この日は火入れの物から、灰を少しずつ炭取に納めて、塩を火所に撒かねばならないといっていた。これは火難除けの呪いだとされている。

火難除け

火難除けというのは、ごくありふれた俗信で、それはまず地域の守護神である産土神によってなされるものであった。火防の日である二月初午に、「一町内又は一組毎に氏神に神饌と御初穂料とを添へ祭事を乞ふ、神社よりは町内又は一組へ御札を授け、各戸には切り札と称する小さき札を頒布す」(『風俗古例帳』)といった慣習があった。産土神の神札で、火難除けを行なうというのである。

妙義山と秋葉山

江戸時代の宗教社会においては、特別な機能をもった神格が、民間宗教家によって説かれ、これが民衆のニーズに応える形となって現われている。それを東北地方の会津藩に限ってみた場合、火難除けの神が政治規制の下に定められる経過が示されている。すなわち『家世実紀』宝永七年五月十三日の条に、

町中為火伏妙儀山秋葉山信心可仕旨被仰出、去月二十四日大火有之候に付火失之儀天災之事といへ共、去夏当夏両年打続大火有之候御不審に思召万一魔道之なす業にも可有之哉、左候とて仏閣に而護摩執行読経など仕候共験有之間敷加様の儀ハ秋葉山三尺坊妙儀山神社ニ於神宣を取祈願仕候ハ、可然思召候、乍然上より被仰出候ハ如何候間加判之者とも心得之様に町奉行に申付町奉行心得ニ而町之者とモニ得と申合候ハ、読人慎之一ツとも可罷成哉(中略)

去年今年及大火候都而人力ニ不及精誠を費し其験無之節人神祇を祈候筋モ可有之儀ニ候、妙儀山秋葉山ハ火伏之由相聞候間致信心候様心得を以しかと可申付旨町奉行江申渡也

つまり、このところ打続く大火があり、それは人力を超える魔道の仕業ではないかと恐れ、藩内の神社仏閣に護摩修行をしてそれを鎮めようとしたが、その効果が見られない。そこで当時火伏せの霊験が知られる妙義山や秋葉山の信仰を藩内の者たちに信心させようとした内容である。つまり流行神として火伏せの霊験を持つ秋葉・妙義山の信仰を、藩の方で政治規制を行なって藩内の領民たちに受容させようとしているのである。

古峯の伝播

ところで右の史料の段階では、まだ古峯信仰は現われていない。現在各地に見る古峯講は、近世末期ごろから増加したものである。福島県入間郡石井村宿組講は、文政六（一八二三）年、同村本宿講は文政七（一八二四）年、下石井村講は天保四（一八三三）年、北大塚村講は嘉永五（一八五二）年、小山、北峰、善能寺の三カ村の講は明治六年、金田、今西、牛久保村の各講は明治二年、新堀村講は明治四年、滝野入村講は明治八年、それぞれ

が代参者をはじめて送ったと記録されている（古峯神社文書）。ほぼこの頃にこれらの講が結成されているらしい。ということは、宝永年間に、前出の史料から秋葉・妙義が藩権力の側のすすめにより火伏せの神として受容されたのであるが、それ以後、古峯がまた新たに霊験をもって、受容されていたことを示している。古峯講は会津領においては、古峯には直通している街道に近いこともあってか、秋葉山や妙義山などよりはるかに濃密に分布している。各ムラの中央部には、村中安全と刻んだ石碑が建立され、その上端部に、古峯のお札がかならず納められている。こうした古峯講の石碑は、明治二十～三十年に集中して建立されたものであり、その形態も類型的で、石碑建立が流行現象であったことが判然としている。

古峯代参

代参者は、ふつう正月参りか旧五月の春参りのいずれかに出掛けた。神社のお籠り堂に一泊し、禊ぎをしてから翌朝、神前に拝してお札を貰い受けた。お札の種類には、

講中安全祓

家内安全御祈禱御祓

家内安全諸厄諸難盗難除剣先祓

鎮火祭火災消除切札祓
五穀豊穰嵐除虫除切札祓
蚕安全御守護

などがある。

古峯講の規約

これらのうち、ムラ全体でもらい受けるのが講中安全祓と火災除切札祓であった。これらのお札をムラにたてられた古峯の石碑の上部に納めておくのである。明治年間に創立された会津若松市北青木の古峯講の規約によると、

一、北青木部落信仰者ヲ以テ組織ス
二、毎年壱回弐人ニテ正月中古峯神社并ニ成田山ヲ参拝スル事
　但シ掛金壱人前金壱円五拾銭
三、神酒ハ壱人前生酒弐合宛肴ハ万品持参スル事　宿元ハ肴三品露賄フ事

とある。この講は、大正年間に入って、さらに次のような規約にあらためられた。それは

大正十年旧正月十一日に行なわれた村寄合の席上で補訂されたのである。

一、古峯神社参拝落金三円
古峯講ハ弐回壱回金弐拾銭ツツ
但シ都合アリテ不参スルトモ酒代ハ差出スコト
一、古峯講ハ公会堂ニ於テ行フ事
壱人肴一品持参スル事
一、第一回代参シタル人ハ肴ヲ持参セズ事但シ一ケ年トス
集合時間ハ拍子木合図ニ寄合スル事
薪炭ハ代参ニテ負担スル事
飯食物ノ器具取リ始末火防等ノ見廻リハ代参人ニテ行フ事

北青木の古峯講は、当初、同信者集団であったらしいが、やがてムラ全体が加入する講となっている。さらに講の寄合が、ムラ全体の寄合にもなっている。現在では、代参が終わった後に、正月年始の寄合を開き、そこでムラの年間行事を定め、その後古峯のお札を各家に配布することになっており、火難除けという機能を求める村人の連帯意識の上にな

りたっており、それを軸に火難除けの霊験を持つ信仰が受容されていることを示している。

日光修験の宣伝

先にも指摘したように、宝永年間の段階では、会津藩の為政者の側から、火伏せの神としてまず秋葉山・妙義山の信仰が導入されたが、これらは民衆生活に密着した形では十分に展開しなかったといえる。しかるに同様な機能を持った古峯信仰は、江戸時代中期以後から、しだいに伝播されてきて、会津地方の民衆に受容され、定着して行った。これはやはり、古峯が日光修験と深く結びついていたことで、日光修験たちによる宣伝効果が高かったためと思われる。

火伏せの霊験

火伏せの霊験譚として、火事になっても、古峯のお札が貼ってある所で火が止まってしまうといったり、お札に祈ったらば自分の家だけが焼け残ったといっている。先年の新潟の大火の際も、古峯の信者の家は多く焼け残ったというのでお礼まいりが多かったという。千葉県君津郡周南村では、近所で大火があり危なくなったらば、一升飯をたいておむすびを作り、おはちのふたの中に入れてから、それを屋根の上にのせる。そして、「コブガワラ様に上げます」と唱えると、火事から逃れるという。コブガワラ様は恐ろしい天狗であって、そうすると、火は別の方向に行ってしまうという（『民俗』四七）。天狗は、修験者に対する一つの名称であり、古峯は修験の往来する場所で、一般人にとってみると修験者＝天狗の巣窟に見えたのである。天狗への畏怖は、神社への奉納品に天狗の面が数多くあることからも想像されるのである。

古峯の祟り

天狗＝修験者のイメージから、古峯の神の祟りの恐ろしいことも宣伝されていた。古峯の神前でうそをついてはいけない。たとえば奉納品の用意を忘れたのに、家に置き忘れてきたと偽って祈願したため、家へ帰ったらば、火事でその人の家が焼けていたとか、福島の人が、お詣りに来て、奉納されている天狗の面を急に欲しくなり、黙って持ってきてしまった。家に帰るとやはり家が火事で焼けていたり、不幸が続いたりするので、近所の人にあげたらば、今度はその家が火事で焼けてしまったので、天狗の祟りだということになり、ムラの世話人が、その面を桐の箱に納めて返しに行ったという話などが数多くある（栃木県教育委員会『古峰ケ原の民俗』昭和四四年）。流行神として、流行する際にその霊験の強さがいかに強く人々の間に説かれていたかを知ることができるだろう。

以上のように、古峯信仰は、元来が修験と関係ある石原家の氏神的存在であったのであり、地域社会内部においては、石原家の祀る金剛童子の霊験がムラ全体の産土神的意味をもって祀られるようになった。一方他地域社会においては、火伏せの要請に応じながら、古峯の不動尊が、日光修験の宣伝と相まって、広く流行しだしたことになる。いわば地域社会の内部に発生した信仰が、外部に、どのような契機で伝播して行くかというプロセスを追跡するのに、かっこうの事例といえよう。

二　愛宕信仰

若狭地方の愛宕神

次にやはり火伏せの流行神として全国的に知られる愛宕信仰が、他地域社会に伝播・受容される過程をながめてみよう。資料は主として福井県若狭地方に限っている。

敦賀市松箸のムラに入ると、入口には、ムラを通行中、けっしてくわえ煙草をしないでくれという主旨の高札が立てられていた。ムラの道筋にそって、三カ所の消火栓があり、それぞれの消火栓の横には愛宕社の札を納める箱が置かれていた。つまり神社を祀る地点に、近代になって消火栓が設置されたというわけである。古老の記憶によると、かつてムラに大火が二度あって、一村が全焼してしまったことがある。八月三日にはその大火を記念して、鎮火祭が村中総出で行なわれていた。愛宕講は、村に六つあり、六つの愛宕講は、二講一組となって代参人を立て京都の愛宕神社でお札をもらってきて、先の箱のなかにそれを祀りこめるのであり、毎年欠かすことはなかった。消火栓以前には、この愛宕の神社が、村を火災から守護する機能をはたしていたのであった。江戸時代には、この松箸には、苗講十二戸があった。十二戸の家はムラの運営に直接あずかっていた。「苗仲間由来書之事」によると、「苗仲間家敷之儀ハ茶ウス山ノ岬ニシテ南北西ノ三方出口ニ火マツリノ札幷ニ祇園ノ札ヲ納テ村中火ノ本ヲ祈」とあり、火まつりの札には愛宕のほかに広峰神社（祇園）の札も一緒に祀られていたことが知られる。

広峰信仰

若狭地方では、鎮火神としては愛宕、広峰、秋葉の三社があげられる。このうち秋葉信仰は遠隔地であるため一時的に流行はしたが、それほど浸透はしなかった。広峰神社は、先の「苗仲間由来書之事」にもあるように祇園さんの名称で親しまれ、江戸時代中期に流行していた。小浜市和多田の下和多田地区は、古老の話によると、今までほとんど火災にあわなかったという。これはムラに広峰神社を勧請しているためだといわれている。最近近くのムラで火事が起こったが、この広峰神社近くまでくると、火が燃え広がらなくなったという。三月三日が祭日で、近隣からも火難除けを祈願して参詣に来る。広峰神社の信仰圏は、若狭全体からみると局部的であり、流行現象もそれほど長期にわたらなかったが、愛宕信仰になると、愛宕山伏の介在もあって、京との交渉も繁かった若狭地方だけに、きわめて広範囲に広がり、かつ流行がおとろえても、習俗として定着したのである。

愛宕の伝播

美浜町早瀬の伝説では、天文十三（一五四四）年ごろ、この浦に和多田某なる者がきて、大船を売買する業についていたが、この者はとくに伊勢大神宮と愛宕権現を信心しており、一代に三十三度詣りの願を立てていた。その後かれの娘ちかに大神宮と愛宕の二神がのりうつって託宣したので、両方の神を祀るにいたったという。小浜市竹長にある愛宕社も、この村の六左ヱ門という者の夢中に愛宕神が現われて、「我権現也経ケ目の嶺へ参見申候へば、愛宕の御礼御座候に付而、夢相に任小社取立申候」（『若州管内社寺由緒記』）という。つまり愛宕神が、村山へ飛来してきたので、それを祀るようにとの託宣が夢中にあったというのである。

愛宕信仰の習俗化

一般に若狭では各ムラの小高い丘や山に、愛宕の祠が祀られている。そしてその丘がしばしば愛宕山とよばれていた。そうした愛宕山のうちで抜きん出た存在は、若狭の後瀬山である。この後瀬山は山容が美しく、仰ぎ見て素朴な山岳信仰が発生し得る素地を備えている。たとえば後瀬山に大きな雲がかかると、夏は炎天続きであり、丹波の方角からみてそうなった場合は、日照りが長く続くと信じられていた。また雨乞いの対象となる山としても知られていた。

「後瀬山愛宕大権現由来」によると、元和元年八月三日に、熊野山神明来の地に白羽の矢があるので、神主が不思議に思い神楽を奏したところ、託宣があって自分は愛宕大権現である、後瀬山に社を建てよ、そうすれば、国家の守護神になると告げたというのである。最初すでに勧請されていた熊野社の地に、白羽の矢で愛宕の神が飛来したという内容である。かなり合理的に説明しようとしているが、そこには熊野神社に代表される修験系の宗教者の介在があったことが予想されよう。

愛宕の火祭り

この後瀬山で、旧七月二十三日に愛宕の火祭りが行なわれ、大松明を持った参詣者が、

遠敷郡の各ムラから集まってきた。『稚狭考』(巻五)には、

六月二十二日の夜、後瀬山の愛宕に参詣するに、松明を携ふる事故実なり、近年此事さかんに行はれて、数十人して一松明を荷ひもて山上す　周廻三四尺、其長三丈四丈に及ぶ、山の上り懸りより火点し大燈荷ひ上りしに、安永六七年より高提燈にて不燃荷ひ登り、山の七八合の平地にて焼事と成ぬ　柴の燃るを荷ひ登る事甚労苦成よし

と記してある。後瀬山の山上で巨大な松明を焼くという、いわゆる愛宕の火祭りの様子でもある。こうした愛宕信仰の伝播は、若狭では十七世紀に集中していた。大飯町本郷の愛宕神社は天和三(一六八三)年に創建され、高浜町の愛宕神社も、ほぼ同時期である。ここでは山伏龍蔵院が先ほどの松上げの行事を指導していた。小浜では、山伏は寛永十七(一六四〇)年に四十二人、天和三年には二十六人いた。この中でもっとも勢威のあったのは京都愛宕山大善院で、この大善院のことは、「寛永の頃大蔵小路に山崎大善院と云ふ山伏有京極安知様に火生三昧の行法知たる山伏なる故小浜より大善院弐百石にて抱られし、此山伏祈禱旦那多く火燈窓の家を建ける是祈禱場也」(『拾椎雑話』巻八)と記されていた。火生三昧の呪法で優れた験者として名高かったわけであるが、このように若狭に定着した

山伏たちは、愛宕信仰の松上げの火祭りを唱導することを一つの職能としていたのである。

地蔵盆との習合

次に名田庄村の事例を考えてみよう。この村では、八月二十四日または旧七月二十四日に火祭りの松上げがある。名田庄村本堂では、八月二十四日に、川原へ高さ十メートル以上の竹ざおを立てた。この頂きに擂鉢形に芋幹と麦稈を編んだものを作り、くっつけておく。これを松竹といった。村寺で、若衆たちが作ったものであり、夕方これを作り上げると、川原へ持っていって立てた。そして四方にシメをはりめぐらし、女性を近づけさせなかったといわれる。ここには愛宕講があり、その年の代参人二人は、京都の愛宕神社へ、その前日の二十三日早朝出かけた。代参人は、神社へ着いてお札を貰い受け、二十四日の夜に帰村してきた。留守をするムラの者は、若衆が松上げの準備を終えるのを見はからって、代参人たちを迎えに、村境まで行った。これをサカムカエという。サカムカエを受けた代参人は、川で身体を浄めた後、村寺へ着いて休息した。それから川原で松竹に火をつけた。その折に松を小片に割って束ねたものに火をつけ、松竹のてっぺんに向かって投げつけるのである。この時の火は愛宕講の代参人がムラの戸長と一緒に、ムラの一角に祀っている愛宕さんの祠に参り、お燈明を上げた際に貰ってきた火をそのまま移したものである。この一番火は愛宕の一の松といい、めでたいものとされた。以前ここには山伏がいて、山伏が先導して火をつけたという所が多い。松上げの火は、愛宕さんの火であり、いわゆる火祭りなのだが、一方では地蔵盆の行事となっていることが注目される。盆の火祭りとして考える時、迎え火と送り火とがあるが、名田庄村では、盆の十五日にもマツアゲといって、柱松を立てたという。これを敦賀市白木ではタイマツといい、美浜町丹生ではマンドウといっていた。丹生のマンドウは壮麗な光景を呈していることで知られる。盆行事としてみると、愛宕の火祭りは時期からいって、送り火と一致している。祖霊を送迎する火と愛宕の火祭りとが習合したことがいえる。山伏が愛宕に関与していることで、この現象は山伏によって強調されたのだが、その際愛宕の霊験である鎮火が強力な呪法として働いたのである。秋葉や広峰の鎮火神の信仰が早くにすたったのに対して、愛宕信仰が、現在も大きな意味を持っているのは、それが盆行事の火祭りと接合し、やがて密着したからであった。それは愛宕山伏の介在によって可能となったのであり、一方受容する地域住民にとっては、火除けのニーズの段階で、その要素を最大限に保持していた愛宕信仰を拒否するいわれもなく、ごくスムーズに、自分たちが従来培っていた習俗＝盆火に融合させたといえるのである。

三　恵比須信仰

地域社会の内部から

前述の古峯信仰は、同族の祀る氏神から流行神となるコースをとったが、そこには日光修験の介在がきわめて濃厚であったのが特徴である。修験の強力な宣伝を背景として流行神が伝播する事例は多く、愛宕信仰もその典型であった。修験の活動範囲がそのまま信仰の拡大につながるというケースなのである。

ところが、信仰を受容する民衆の方で、流行神を創成する必要がある場合、とくに宗教的媒介者の存在がなくても、一つの地域社会内に著名な流行神がしばしば成立している。この場合、福神である事例が多く、そこに人々の福神への期待をうかがうことができる。

若狭地方の恵比須

三番目にあげる資料は、福井県若狭地方に知られている若狭恵比須についてである。若狭恵比須と一般にいわれているのは、現在上中町末野に鎮座する須部神社であり、これは、明和四（一七六七）年に書かれた『稚狭考』巻四に、「末野は春秋小浜よりも参詣あり、敦賀よりは遊女もまいる」とあるほどに若狭で著名な流行神であった。神主山内家所蔵文書を見ると、正徳四(一七一四)年の「一千年御祭礼勧進帳」には、敦賀講中が世話人をつとめて勧進を行なっていたことが記されており、安政五(一八五八)年十一月に、社殿修覆のため勧進を行なった際、その主旨を記した高札が建てられた地域は、上中町熊川、小浜市、敦賀市と滋賀県高島郡今津町に及んでいた。これらは当時の若狭恵比須の信仰圏を示すものである。

神主山内家

須部神社で代々神職をつとめる山内家の由緒書(「山内家先祖及宅地椿木由来記」文化十五年〔一八一八〕写本)には、次のような内容が記されている。

山内家の先祖は源権守と称して、鳥羽谷の開発者の家筋であった。代々十六名を支配してきており、その中の一つに末野名があった。養老二年九月二十八日に雷雨と大風が荒れ狂ったが、翌日源権守の家来が見まわりのために末野名を訪れたがなかなか戻ってこない。そこで不審に思った権守が自分自身で末野名へ来てみると、先に行った家来が狂乱の態で、権守に襲いかかってきて、自分は、西宮夷三郎であり、当国当地に垂跡(すいじゃく)したいと思う。その証しとして、椿樹に宝鈴と戸帳をかけるのだといった。権守が平伏して、その言を聞き、そうした印しがないものか探し尋ねた。するとそれは、山内森の名之内にあった。一樹の枝に宝鈴と紅色の衣がかかっているのを見つけたのである。そこで枝の青葉で仮殿を作り、神霊をそこに鎮め祀った。翌年新たに神社を作り、三月二十三日に遷宮した。現在九月二十八日、三月二十三日を祭日とするのは、それゆえである。社殿が完成した後毎日、山内家では西宮を饗応しつづけた。森の奥の方に社殿があったので、そこへ山道をつけ、いつも奉仕するようにした。そして神主と神巫は代々権守の子孫が執行してきたのである。この事を聞いた政所は、神田一町を末野名に下し置き、六番頭公文方がそれを支配してきた。ところが秀吉の検地のときに社殿が没収され、神鈴が無くなってしまった。自分の家の屋敷地は、代々赦免地として持伝えられた土地であり、他人には決して渡したことはなかった。屋敷内に大将軍の社跡があり、また古来より椿樹があった。これは西宮の神意がかかった社なのである。山内家は、当地の最初の家筋であるため、元旦には、阿賀里の舞人がまず舞いに来て祝いを納める、それからでないと他所へまわることができないといわれていた、と述べている。この由緒書は、検地の土地改めの際に提出されたものであるが、山内家が末野の最古の家系であり、空中飛来した夷の西宮が、末野に奇蹟をあらわし、これを代々斎き祀ったことを述べている。社号は須部神社であって、実際末野の山麓からは多数の祝部式土器の発見があることから、須部の起源は、須恵器製作に携わる部の民の集団ではないかと推察されている。はたしてそうした古伝承が妥当のものかどうかはまだ十分に証明されてはいない。

恵比須の霊験

いずれにせよ古くからの由緒により、須部神社は、西宮の恵比須を祀るに至ったのであるが、この恵比須は特別の霊験を持つかのように記されているのである。『若州管内社寺由緒記』には、

西神　社二間四面　養老二（甲子）年九月二十八日神が谷桜の木の本に宝鈴戸帳千早此三種忽然と有レ之其時風神□□木動揺して不思議多く貴賤男女　打寄　彼三種の神□を拝し奇異の思ひを為しけるが、中に一人の婦女俄に狂乱して樹下に走り寄託宣して曰、我は是西の宮の恵比須三郎也□□□に社を建立すべし、此婦女即直当るべしと託し給ふ、依レ之養老三（乙丑）年三月二十三日本社拝殿等建立し、春秋の祭礼三月二十三日九月二十八日祭レ之其已後春秋共に近郷越前などよりも夥敷参詣有レ之候　正保三（丙戌）年少将様御代に鳥居御建立被レ遊候　即只今の鳥居にて御座候

神がかりする女

先の山内家の由緒書と同工異曲の内容であるが、神がかりして託宣したのは女性であるのが大きな違いとなっている。桜樹を神霊の依代として、西宮夷三郎が飛来してくるというモチーフは、流行神出現の一つのタイプであり、前節でこの点は指摘した通りであった。山内家に所蔵されている「西野御神飛行次第之事」には、先の神がかりした女性を「彌宜女房」と記しているから、彼女は山内家の家人であり、かつ巫女的性格の持主なのだろう。もう一つ推測するならば、西宮恵比須をこの地に勧請し、霊験を説いた山内家は、中世以来の修験の定着したものではないかということである。つまり巫女を女房として、神がかりの託宣をもって民衆と接触した宗教者の存在が、若狭恵比須の示現の過程に浮かんでくるのである。文安六（一四四九）年の『醍醐院所領目録』には、若狭国須恵野があげられており、あるいは真言系修験の支配下のもとに、流行神の性格が付加されたのではないかとも考えられる。

山内家の性格

いずれにせよ山内家の性格はきわめて注目される。先の由緒書からも察せられるように、末野村の古い家系で、特別な宗教性をもつことにより他家より優越していた。元来末野の氏神は八幡神社である。この祭祀は現在では、村座的な形態となっているが、それ以前は、大神事仲間という特権層によって祀られていた。この座の仲間は、次の五戸が中心となっていた。すなわち、庄屋の田辺長助、組頭の青山仁右ヱ門　杉井孫左ヱ門　富永弥平次、それに山内帯刀である。このうち庄屋の田辺家と組頭の青山家、杉井家は同族であり、兄弟わかれで、近世初頭に分立した家筋であった。そして三家の中で旧家といわれる富永家は別に山内家のわかれだという伝承もある。わかれというのは、明確ではないが、親分子分関係のようだったともいわれている。末野の古老の伝承では、大昔は末野の土地の一割一分は富永家の、残りはすべて山内家の所有であったという。

社記には神領畠八段とあり、先の由緒書には、神田一町とある。これだけではかならずしも大地主とはいえないが、年代不明の「いつ方より御寄進田畠幷野山守事」（山内家文書）には、

一、田参段　下次郎丸　一、畠壱段　殿畠
一、田弐段　嶋ノ上　一、畠壱段　両坂柿木畠
一、畠参段　両坂
野　東西ノ田　己以フケツサカへ

南北同田　フチラ堀

山　両坂ノ堀ニ　南ハ野ノ条

とある。これからもわかるように、山内家は田畠だけでなく、山野を多く占有したわけで、これに対して富永家は、明治十六年に代々の土地を売渡した際の証文には、立木山八反七畝一三歩と四反歩が記されている。山内家に次ぐ富永家の所有面積から推しても、末野における山内家の経済的優位が類推できるのである。

山内家の屋敷神

ところで富永家の本家には屋敷神が祀られ、正月元旦に鏡餅を供えるほか、同族の者たちが正月と盆にお詣りにやってくる。いわゆる一門屋敷神の範疇に属するものである。一方山内家の屋敷神というと、現在の須部神社つまり恵比須神であったという。この恵比須は流行神となったわけだが、その前身は瘡神つまりホーソー神であったという。『神社考』では「香山恵比須とも夷三郎殿又蛭子とも称ひ、また西の神とも瘡神ともいへり」という記述もある（『大飯郡誌』二三二頁）。末野の恵比須の末社にも瘡神が祀られていて、両者の関連が推察される。第Ⅱ章3節で後述するように、ホーソー神は人神化した型をもっており、家の神として祀られるのが最初であった。ある時期に山内家の家の神として瘡神が祀られたが、恵比須神の伝播によって、福神に包括され、恵比須と同一視されるようになったものと推察されよう。

このように末野においては、開発先祖的な色彩を持つ山内家が、修験との関連を色濃くもちながら、村落内に宗教的権威を確立させていたことが分かる。とりわけ山内家を中心とする同族祭祀の屋敷神に対して、とくべつの霊験を説くことによって、流行性を持った福神に仕立てられていったケースを、ここに知ることができるのである。

Ⅱ　流行神の系譜

1　御霊信仰の系譜

御霊の発生

御霊信仰は、日本の民間信仰の中でも、特徴ある現象であるが、ひとくちにいって、祟りを示す人間霊なのである。その祟りは、生前の恨みが怨念となって凝集したものであった。古代社会で一般に考えられたのは、流行病の原因が、祟りをする人間霊つまり御霊の仕業だということである。当時疫病は、人口の集中する京畿を中心に発生して、次第に地方に伝播することがくり返されていた。奈良時代以前には、たとえば『古事記』『日本書紀』の崇神天皇の夢中に現われた大物主神が疫病を支配すると考えられたり、仏教伝来に際し、蘇我稲目が蕃神（仏菩薩）を祀ったことにより、国神の怒りを招き、疫病が発生したのだといった説明がなされたりしていた。

御霊会

奈良時代末から平安時代にかけて、政治事件が相次ぎ、権力闘争に敗れて死に追いこまれた貴族たちの怨みが御霊となり、疫病流行の理由とされるようになったのである。荒れる御霊を鎮めるために御霊会が催されたのが貞観五（八六三）年であった。『三代実録』には、

> 貞観五年、五月二十日、正午、於二神泉苑一、修二御霊会一、所謂御霊者、崇道天皇、伊予親王藤原夫人、及観察使橘逸勢、文室宮田麻呂等是也、並坐レ事被レ誅、寃魂成レ厲、近代以来疫病繁発、死亡甚衆、天下以為、此災御霊之所レ生也、始レ自二京畿一、爰及二外国一、毎レ至二夏天秋節一、修二御霊会一（下略）

と記されており、御霊が疫病の理由となっていることを述べている。貞観五年の御霊会は、たまたま先年来の流行性感冒が大流行となったのに対して、考案されたものであり、その後も祇園、北野天神、紫野今宮などの御霊会が盛んとなっていったのであった。

骨の祟り

天平元（七二九）年に叛乱罪で自殺した長屋王は、死の直前に、「罪無くして囚執はる、これ決定て死なむ、他に刑殺されむよりは、みづから死なむに如かじ」と念じて、子孫に毒薬を服させ、かれらを絞殺した後、自害した。当然その遺執が現世に留ったのである。

聖武天皇は、その死体を城外に捨て、焼いてから川に流したが、長屋王の骨は土佐国に流れつき、その骨の毒気にあてられて百姓が多数死んだと伝えられる（『日本霊異記』中巻第一）。おそらく疫病の原因が御霊のこもる骨によってもたらされたのだと信じられたのであろう。

伴善男の御霊

貞観八（八六六）年に起こった応天門の変の首謀者に擬せられ憤死した伴大納言善男の御霊については、次のような説明がされている。

ある年咳病が大変流行して、かからない人がないくらいで、上から下まで病に臥す有様であった。ある所に膳部をつとめる男がいた。彼はある晩、いつものように仕事を終え、家内の者が寝静まった亥の刻に、家から外出した。と門に赤い衣を着て、冠を着けた気高く恐ろしげなる人影を見た。誰だかわからないが、下﨟ではあるまいと思っていると、その人が汝我を知るかと尋ねる、知らないと答えると、曰く、「我レハ此レ古ヘ此ノ国ニ有リシ大納言伴ノ善男ト云シ人也。伊豆ノ国ニ被二配流一テ早ク死ニモ、其レガ行疫流行神ト成テ有ル也」と述べ、自分は思いもかけず罪を犯したことになったけれど、公に仕えている間は、いろいろ恩を受けることが多かった。そこで今年は天下に疫病が起こり、国々の人が病死すべきところなのだが、自分が咳病だけを流行させているのだといった意味のことを述べてかきけすようにいなくなったという。その後、伴大納言が行疫流行神であると人々は知ったことであった（『今昔物語』巻第二七、第一一）。

ここでは、明らかに御霊が疫病神として、疫病を流行させる力をもって、人々の前に姿を現わしたことがわかる。

御霊は、古代から中世を通じ、怨みと祟りを基調として人々に畏怖され、とりわけ疫病をもたらす悪神と化し、人々に鎮め祀られることによって、霊験ある流行神となっていったのである。

ところが中世末期ごろから、こうした御霊の観念に一つの価値転換があった。御霊の暗い面が克服され、和霊として、福をもたらす神々が誕生したのである。そうした実態を次節でとらえておきたい。

2　和霊信仰の系譜

古骨さま

文化二（一八〇五）年乙丑五月武州川崎の鶴見川の川端に一つの流行神が発生した。『街談文々集要』の記事によると、鶴見川の川端に塚を作り卒塔婆を建てて、「おこつ来り」と唱え、江戸をはじめ近在より参詣者が夥しく、願をかける者が多くあり、霊験はきわめて効かだという。お骨の由緒をたずねてみると、鶴見川の川浚いの時、沢山の人骨が出てきて四斗樽五つも集まった。その辺りの者たちは塚を築いて、そこへ葬ったのがはじまりなのであった。次の段階で、浅草田圃にある日蓮宗幸就寺が、これと関係してきて、骨の一部を改葬するとともに卒塔婆を建てた。参詣者も集まりだし、線香を手向ける者も多くなり、六月十七日に寺へ改葬したので、十七日を縁日としたという。おそらく、この骨は中世の戦国期の戦死者の遺骨であり、年久しく鶴見川に沈んでいたのが、時至り再現したのだろうと、この記事の採録者は推察している。

元来戦死者や落武者の死は、遺執をいだいた御霊と成るべき性格があったから、そうしたいわれを持つ墓や塚は、忌まれ祀られるべきだと考えられていた。右の記事に見る現象では、祟りははじめから考えられてはいず、怨霊がこもっていそうな古骨が、たちまち流行神となり、祈願の対象に祀られている。もちろんそうした過程を経るには日蓮宗幸就寺の関与があって可能となったのにちがいないが、参詣する民衆にとっては、ありがたい流行神なのであった。ここには前節であげたような悪業をもたらす御霊のイメージはない。いわば和霊としての人間霊が押し出されているのであって、典型的な近世の現象といえるのである。

宇和島の和霊

その端的な事例は、四国宇和島の和霊信仰に見られる。和霊の祭神は宇和島藩家老山家清兵衛であり、元和六（一六二〇）年お家騒動の首謀者の一人として非業の最期をとげたといわれる。ところがその後、宇和島藩に天変地異が連続した。慶安二（一六四九）年に大地震、寛文三（一六六三）年に大旱魃、寛文六年に大風雨、また落雷がしばしばあり、雷にあたって死者も出た。さらに疫病も流行したのである。天変地異に加えて、藩主伊達秀宗の子の早世、家老桜田玄蕃の死と不幸も連続した。これら災害の原因は山家清兵衛の御霊の仕業だと考えられ、その御霊を鎮めんがために社が創建された。これがそもそもの起こりとなるのは、御霊信仰の典型的な筋道である。石崎正興は、このプロセスをくわしく分析して、山家の死後三、四十年後あたりに、山家と生前交わりのあった者の手によって小祠として祀られたという。その後吉田神道の関与の下に、藩主が山家和霊神社と号して、祭りを行ない、寛文年間に至って、この地の氏神的存在であった八面大荒神のもとに若宮として斎き祀られたという三度の変遷があったことを指摘している（石崎正興「和霊信仰試論」『民俗学評論』四、昭和四五年）。社地の遷座は、いぜん御霊の祟りが鎮まらなかったことを意味している。御霊が落着いたのは、元禄十三（一七〇〇）年に至り、明神号を吉田家から附与された時期なのである。石崎も指摘しているが、山家の御霊が八面荒神の若宮として祀られた段階では、若宮としての御霊の荒々しさが際立っていたのであろう。それが宝暦十（一七六〇）年には、逆に八面荒神は和霊大明神の末社ということになっている。大明神となったのは、享保十三（一七二八）年である。ということは、氏神的な守護神的機能を、和霊が八面荒神にとって代わってもったことを示している。これは和霊の名称からして、荒々しい御霊を否定したことから創造されたものなのであり、そこに御霊↓和霊への系譜を認めることができるだろう。

和霊神社は、創建当時より藩主の手厚い庇護をうけていた。歴代藩主の寄進がたえずあって、華麗な社殿が造られていった。一般民衆の信仰を集める流行神に化したのは、ほぼ十八世紀中頃だという。前記石崎の調査した参詣者の祈願内容を見ると、農事・漁事祈願が強く、とりわけ漁業神としての霊験が濃厚となり、現在もなお持続しているのである。

霊神のタイプ

吉田神道が発行する明神・霊神号は、ほとんどが人霊祭祀に際しての神階であった。明神・大明神は、宇和島の和霊神社のように、信仰規模が大きく、位階も高くかつ経済的にも恵まれた神社に限られるが、霊神の場合は、ピンからキリまであってヴァリエイションに富んでいる。筆者は先にこうした霊神を、四つに類型化した(『生き神信仰』昭和四五年)。すなわち権威跪拝型、祟り克服型、救済志向型、救世主型である。前述した和霊信仰は、祟り克服型に入るもので、中世以来の御霊信仰の系譜に立ちつつも、御霊の祟りの側面を克服して和霊を成り立たせている点が特徴といえる。祟り克服型を前提として救済志向型の霊神がある。これは人が生前享けた難病・苦行の苦しみを前提に、遺言として自分を祀れば、同じ苦しみを持つ者は救済すると予言したことにより、死後流行神に化した場合をいう。たとえば痔の神として知られる秋山自雲霊神がある。救世主型としたのはまだ十分熟した概念ではないが、この世の救済を誓願して自殺または入定行為をとった行者たちが、死後神に祀られた事例である。たとえば湯殿山行人などを筆頭に、いくつかの事例を見ているが、不思議なことにこれら行者の救世の誓願とはうらはらに、祀られた霊神たちも他の類型と同様に、現世的な霊験あらたかな流行神に化していく。

権威跪拝型

権威跪拝型としたのは、他の三類型とは、異質な霊神といえる。これは封建君主（将軍・藩主）家老、代官など、世俗的世界において、一般民衆に対し一種の権威をもって対峙する存在であり、徳に優れ善政をしたことによって、神に祀られた霊神である。善政という一方的な見方ではあるが、被支配者層に恩恵を与えたというのが根拠となって、生前からすでに霊神として拝されたものもある。

相馬地方の霊神

岩崎敏夫は、『本邦小祠の研究』（昭和三八年）の中で、相馬藩（福島県下）における霊神の実態を報告している。歴代の相馬藩主は、吉田神道に帰依しており、とりわけ二十代の昌胤の代になって、吉田神道は藩内の有名な神社をにぎっていた。昌胤は自ら養真殿を建て、吉田神道を修する一方、一の宮である妙見神社の神主田代氏や熊野神社の神主鈴木氏を吉田神道に関わらせたのである。昌胤は延宝七（一六七九）年に藩主となり、享保十三（一七二八）年に没したが、明和二（一七六五）年以後は二十四代の恕胤（てるたね）、文化十三（一八一六）年以後は二十七代益胤が、それぞれ吉田神道の伝授を受け、その隆盛につとめた（岩崎前掲書五一四―五頁）。相馬藩史を記す『奥相志』に記載された十八の霊神を大別すると、権威跪拝型と祟り克服型に類別される。

藩主が霊神へ

前者で典型的なのは、歴代の藩主を霊神としているケースである。

〈事例一〉　藩主昌胤を祀ったのが大将軍神である。生前に祀っており生祠となっている。死後も祀られ、とくに二十四代恕胤が安永四年より、大将軍神の祭礼を執行したと『奥相志』に記されている（前掲書三二五頁）。

〈事例二〉　福島県双葉郡幾世橋の横町という所には市幸大神があるが、これも昌胤の霊を祀ったものであり、市店の繁昌を祈願するためだという。この地は昌胤の隠栖の地であったから、その霊神の力が強く及ぶものと信じられたのである（前掲書三一八頁）。

〈事例三〉 都玉（くにたま）神またはくにたま権現とも明神ともいわれる。これは相馬の最初の霊神だといわれる。相馬市坪田にあり、昌胤が、夭折した子の都胤（くにたね）を享保三（一七一八）年に祀ったものである（前掲書三一六頁）。その他恕胤の子因胤（よりたね）を祀った因玉神もある。

〈事例四〉 相馬市中野の熊野神社には恕胤を祀る亀齢（きれい）神がある。寛政七（一七九五）年に祀られた。

〈事例五〉 相馬氏の先祖と伝える平将門を祀り、正一位国王大明神としている。相馬市中村城址にある。はじめ相馬重胤が下総より相馬へ移った時に祀りこめたものという（前掲書三一五頁）。

これらの事例は、藩主とその一族の者が神に祀られており、相馬家は代々司祭者の地位にあることを示している。それはいわば藩主の権威を背景に成立した霊神なのである。吉田神道の教義の中では、「人霊ヲ人ニ祭ル作法ハ、有徳人又ハ位禄人又ハ信厚之人ハ願望次第霊神ニ勧請被申候義ニ御座候、作法ト被仰下候ハ、天神ヲ祭ルヲ祠ト申、地神ヲ祭ヲ祭ト申、人霊ヲ祭ヲ鬼ト申候、祭之次第ハ神前モ霊神モ同前ニテ御座候事」（「相馬家所蔵文書」前掲書五三九頁所引）という解釈をしており、人が神と成り得ることを説明している。明治、大正に入ってからのことではあるが、石城下神谷では、夏井川の上流から四倉に至る六里八丁の堀を作った功績のある沢村勝為を神に祀っている。この事業は慶安五（一六五二）年にはじまり、三年三カ月を経て完成した。ところが沢村勝為を神社に祀ったのは明治九年のことだから、そうした過去の事蹟をよみがえらせて誕生した霊神である。これと同様な事例は、鹿島町の南右田神社で、荒専八なる者を祀っている。荒専八は、文久年間に登用され、代官となり、慶応二年に鹿島西川原に堰を設けて百町歩の用水を開いた事蹟により、霊神となったのである。後に彼は平市の町長ともなっているから、近代の霊神であり、この神社の創建は大正十年であった（前掲書三二〇頁）。いずれも有徳のあり信厚の人であると尊ばれた霊であり、吉田神道の教義からみると霊神にふさわしい存在なのである。しかしこれらの霊神の軸にある権威はむしろ封建体制を背景とした政治的次元の権威によって支えられたものである。

御霊から和霊へ

ところで次に御霊→和霊の系譜を引くと思われる霊神の諸相を見てみよう。

〈事例六〉　相馬市反町にある体興霊神は、門馬八郎兵衛の霊を祀っている。彼は恕胤の重臣であるが、世継騒動にまきこまれ死刑に処せられた。「思へ人犯せる罪のある無しを末にただすの神のある世に」という辞世の句が残されており、遺執の深かったことを知る。極刑に処された後、その御霊が祟り、藩内に怪異な事件が続いたので、寛政五（一七九三）年恕胤の子祥胤は、彼の霊を熊野神社境内に祀って筒宮と称した。しかし祟りはなお続いたので、文化十三（一八一六）年、祥胤の子益胤は門馬家を再興して旧禄を与え、かつ、京都の吉田家にその霊を祀らせて、体興霊神、おきのみたまの神として崇め、毎年三月十六日を祭日に定めた。以後その祟りは止んだが、歴代の相馬家は厚くこの霊神を祀っている（前掲書三一七頁）。

〈事例七〉　石城上湯長谷に長松霊神が祀られている。これは鉢木吉之丞の霊である。彼は内藤氏の湯長谷藩士で弓の名人であった。ある時藩主が毎夜ギイギイ鳴る音が耳障りとなり病気となってしまった。吉之丞がその昔を調べると大木のすれ合う音だったので、矢をその間にはさんで音を無くするようにした。病気から治った藩主が褒美を与えようとしたが、他の家来がざん言して逆に牢に入れられて、牢死してしまった。後にその罪は晴れて、人々は祠を建てて神に祀った。弓矢の名人であったことから武運長久の神となり、また熱がある時に、神社から弓矢を借りてきてなでると治るという流行神にもなった（前掲書三一九頁）。

〈事例八〉　宮城県加美郡色麻村の新八大明神について。文化年間仙台に白石という地主があり、その小作人に新八という者がいた。孝行者だが、兄嫁は腹黒く、ある年の十一月二十三日の大師の日に、大師団子の中に針を入れて父親に食べさせようとした。それを知らぬ新八は父にすすめたが、針の入っているのが父に知れてしまった。兄嫁は罪を新八に着せて奉行に訴え出た。新八は累の及ぶのを憚って、何もいわず捕えられ打首になった。処刑される直前、もし我に罪あらば首は南に飛ばん、罪なき時は北に飛ぶべしと遺言した。実際は首は北に飛んだという。その後彼の家は滅び、その跡地に入る者に祟りがしばしばあった。そのため彼の小作地は同地の弥勒寺に寄附されたという。彼の御霊は、はじめ薬師如来として祀られたが効果なく、のちに新八大明神として祀られ今日に至っている（前掲書三二〇頁）。

この新八大明神には流行した時期があったらしい。宮城県遠田郡大貫村にある八広神も同様な縁起を持っているからだ。こちらは隣村との境界争いがあり、隣村は肝煎が巧妙に立ちまわって、賄賂を使い、勝訴となった。新八は負けて捕えられ斬に処せられてしまう。新八処刑の時に、先の事例と同様に、遺言があり、自分の首が前に落ちれば天命であるが、後の方に落ちれば魂が長く止まり宿志をとげるというものであった。のちに祟りがあって、文化八年に八広神として祀られた。村人は病気の時に、八広神に願をかければ治るという。

その他にも、旅の聖を殺してしまい祟りがあったのでその霊を祀った聖権現とか、御霊を五郎権現とよませて祀るものなど、数多く散在しており、そうした事例は、全国に普遍的である。

霊神の特性

相馬藩を中心に見た霊神は、きわめて近世的特質を備えたものといえる。吉田神道流に人間霊を祀った場合、幕藩体制に即応する世俗的権威を正面に押出した為政者側の内部から選ばれて、霊神として出現する。一方祟り克服のコースをとって出現する霊神は、世俗的な権威を否定することにより、いわば体制側に対峙する立場として派生してきたといえる。生前の遺執は、多かれ少なかれ、権力への批判をこめたものであり、無実の罪に問われた人々の霊は御霊となって、体制側に対して祟るという形をとったのである。とくにそれが民衆運動の指導者である義民の御霊となった時、その祟りは激しいものとなるが、や

は り後に和霊と化することにより、位階を与えられて霊神となる。その時は民衆救済の意図が、しだいに日常性へと回帰して行くことになり、霊神の流行神化という現象が形成されるのである。これは日本人の宗教意識の特徴をなす型といえないだろうか。

3 疱瘡神の福神化

疱瘡送り

疫病の代表的なのは疱瘡であり、種痘実施以前は、最大の難病の一つであった。疱瘡をもたらすのは悪神の所業であるとして、悪神を送り出す神送りの儀礼は、延享二（一七四五）年種痘術が輸入されてからも、つい最近まで農村地帯では、しきりに行なわれたのである。

山梨県西山梨郡千代田村では、種痘したあと、疱瘡神と称して屋根に雛人形をさした。それは割竹に赤、白、青三色の三枚の紙を差し込んだものである。福井県若狭大島では、種痘後直ちに、痛瘡神といって、起上り小法師二つに、赤飯をのせて四つ辻に置いた。東京都大田区でも以前種痘をしてから十二日目に、湯かけといって、さん俵に紐を通し、赤い紙を敷いて、赤御飯を盛って、お宮の木に吊した。これを疱瘡神を送るという。岐阜市加納鉄砲町ではさん俵の上に小豆飯を丸い団子のように握ったのと、小さな徳利とをのせ、赤紙で作った小幣束とを立て四つ辻に供えて、種痘の経過のよいことを祈ったという（草川隆「疱瘡神送り」『日本民俗学』四、昭和三二年）。福島県相馬地方でも子供が植え疱瘡を済ませると、五色の幣束と大きなワラジとを門口や道のわきの木に下げて、疱瘡神送りをした。子供のある家はどの家でも行なったのである。ご幣は法印に作ってもらった。ワラジは一尺も二尺もあるもので、大きいほどよいとされた。「ほうそうは片輪のさかい、はしかは命のさかい」といわれたものだという（岩崎敏夫『本邦小祠の研究』三三〇頁）。

疱瘡神への畏怖

種痘実施以後においても、種痘後にまず疱瘡神を祀って四つ辻または村境へ送っていくという儀礼が伝承されていたことは、種痘以前の疱瘡神への畏怖がどんなに強かったかをものがたるものであろう。

橘南谿の『疱瘡水鏡録』によると、痘の神を祭る有様を次のように記している。

偖（さて）痘ノ神ヲ祭ルト云事有リ是ハ国々ニテ色々ノ俗習有リテ極マリタル事ニテハ無シ又

処ニ依リテハ一向ニ祭ラサル国モ有リ是其所々ノ風義ニ従ヒテ祭リ習イタル家ニハ随分大セツニ祭ルモヨシ燈明ヲ点(トモ)シテ不浄ヲ遠サクル事大ニ病人ニ益有ル事ナリ然レドモ祭ル事敬イ過ル時色々ノ不思議ナル事モ有ルモノソ或ハ病人様々ノ事ヲ口バシリ或ハ又葬礼(ソウレイ)ノ学ビヲ好ミ或ハ常ニ地獄極楽ノ沙汰ヲナシ白キヲ好ミ仏ヲ礼スルナト皆病家ノ大ニ忌嫌フ事ニシテ最早此躰ヲ見レハ死スル事ニ極メ監(カン)病も疎ニナル家モ有リ

疱瘡神の託宣

疱瘡になると、病人はしばしば高熱に浮かされ、奇矯な行動に出る。病人が高熱のためにいろいろと口走ることは、あたかも神がかりの状態に似た現象であると当時の人々は信じ、それを疱瘡神の託宣と理解したのであった。そして神がかりをする疱瘡神は、流行時期には町や村を巡行しては、家々に入りこんで家人にとりつくものと信じられた。

松浦静山の『甲子夜話続篇』には、

きのふの途の程ことなるに、村々の戸毎に小き足半を竹枝の頭に貫きてたて置たり、其ゆえんを聞に、今此辺に疱瘡流行すれば其患免れんが為なりといふ、其事を問に、此病には神あり、少童好女老嫗数種あり、此中少量好女来ることあれば其やまひかろし、媼来れば痘至て重し、因て予めこれを設る時は媼来り、杖履を視て爺夫はや来り居給ふとて日に還て戸に入らずすれば其難を免れるなりといへり（下略）

と記している。疱瘡神が人の形をして巷を彷徨する様子を描いており、それを防ぐための呪いが生活の知恵として示されている。とくに老媼の疱瘡神を家に入れないようにする呪いは面白い。

『拾椎雑話』巻三の中でも、延宝年間に流行した時の話で、疱瘡神が童子の姿となって、町中を彷徨しているのをたまたま見かけた者がいた。それは十四、五歳の童子で二人が町角でパッタリ出会い、一人の童子がいうには、ある家に入ったらば、床の間に異な物をかけているので面倒だから早く出ようといって出てきたと話し合いながらわかれたという。異な物というのは鍾馗の像であり、それは疫病除けとしてきわめて霊験高いと信じられていた呪具である。

疱瘡除けの神には、芋大明神があったと『耳袋』には記されている。これは神奈川宿の本牧（現横浜市中区）にあり、寛政年間には知られた流行神であった。

この芋大明神の池の水を取って、小児に浴びせると疱瘡は軽くて済むと医者までいっていたという。芋大明神の所へ実際行ってみると、小祠がありそのまわりに潜水の池がある。

中に島があってそこに長芋が沢山はえている。近隣の老婆が語るには、この芋は一向に減ったことがないという。ある人が疱瘡には、この水より芋がよいだろうと芋を取っていたところ、かえって病気が重くなったという。江戸からこの水を貰いにくる者がはなはだ多かったという。

また門口に紀州池上喜右ヱ門宿あるいは子孫と書いた札を貼っておくと、疱瘡をはじめ疫病一般に霊験があったということも知られている。

疱瘡神は恐ろしい存在であるから、それが家の中に入りこんだらもうあきらめて、神の膳を作って饗応しなければならないと信じられていた。知識人はこれを迷信として軽視していたが、かえって祟りが現われたという類話が多い。

福井藩士で小泉六郎右ヱ門と申す者が、娘が疱瘡にかかったので、家人が神の膳を供えるのを見て、元来疱瘡は病気なのに、何で神などというのだ、膳をとるべしとして蹴ちらしののしった末、膳を取去らせた。するとたちまち神が怒って、病人はその夜より痒がり、むしりとり血を流す始末である。そして、神がかりをしていうには、この家の主人が自分をあなどっているとわめいたという（『拾椎雑話』巻三）、またこんな話もある。吹田惣左ヱ門という者が、五十七歳の時疱瘡となり神に膳を供えておいた。すると、飼猫が神の膳の小鯛をくわえて逃げ去ろうとしたとたん、夢うつつの中で、惣左ヱ門が大声でやれ痛いと叫んだというのである（同上）。

これら二つの話は、高熱に浮かされた病人のうわ言をまわりの者が神がかりとみなした結果、痘瘡神の託宣のように信じられてしまったものといえる。これがさらにオーバーになると話はかなり筋道立ってくるのである。『耳袋』巻七に、「疱瘡の神なきとも難申事」という一項がある。

予がしれる人の方にて柴田玄養語りけるは、いづれ疱瘡には鬼神のよる所もあるにや。名も聞しが忘れたり。玄養預りの小児に疱瘡にて、玄養治しけるが、或時病人の申けるは、早々さら湯をかけ、湯を遣ひ度よし申ける故、未かせに不至時日故、難成よし申ければ、かゝる軽き疱瘡にはかさかゝり候はゞ不宜とて、何分早く湯を可遣由強て申故、両親も甚こまり、玄養之呼に越候故参りけるに、しかじかの事なりと語りける故、軽き疱瘡なれ共、未結痂の定日にもいたらず、玄養直々彼病人に向ひて道利を説聞せけるに、かゝる疱瘡に長かゝり合せては迷惑なり、我も外へゆかねばならぬ事也といふ故、いづ方へ参る哉と玄養尋ければ四ッ谷何町何某と申町家へ参る由答ける故、奇なる事と思へども、父母と申合、酒場のまなびしていわゐ杯してけるに、無程肥立て相済ぬ。玄養帰宅のうへ、去にても怪敷事をと四ツ谷何町何某と申者方へ人を遣して承りけるに、一両日熱気強小児疱瘡と存よし答ひける故、然れば彼疱瘡にて、鬼神のよる所ある、諺に又うそならずと物語りせし也

と記している。疱瘡は子供がかかりやすい病気であり、子供の神がかりは、よりましとしての幼童を通して神の言葉が受けとめられやすかったのである。この話は、疱瘡神が家の子供から他家の子供に伝染して行く様子を、あたかも疱瘡神の振舞いのように仕立てており興味深い。

家の神化する疱瘡神

疱瘡神が人の形をとって訪れてくれれば、これをてい重にもてなすべきだということは、神自身饗応されれば庇護を与えるという形式をとっていることになる。これは疱瘡神が示している特徴的な性格といえよう。

若狭の組屋六郎左ヱ門家には代々疱瘡神が伝わっていた。これは永禄年中に、自分の持船が北国から上ってきた時、一人の老人が乗船しており、彼の老人はそのまま組屋六郎左ヱ門宅に止宿していた。いよいよ発足する時、「我は疱瘡神也、此度の恩謝に組屋六郎左ヱ門とだに聞は疱瘡安く守ることちかふ」と述べて去ったという。そこで六郎左ヱ門家で

は、その老人の姿を画にうつし留めおいたのだという（『拾椎雑話』巻一二）。この事例では、疱瘡神が組屋家の神として祀られてしまっていることになる。

小川与惣右衛門との約束

同じようなモチーフで、次のような事例もある。疱瘡が流行したら「小川与惣右衛門船にて約束の事」と書いて、出入口の門または戸口に張り付けて置くと、その家の小児の疱瘡は軽くて済むという。その理由は、前年疱瘡神が関東に下向する時に、桑名で船が暴風雨にあって、あやうく、難破しかかったが、与惣右衛門という船頭が守護して沈没から救った。そこで疱瘡神はたいそう喜んで、この謝礼に、その名を書いてある札が貼ってあれば、かならず疱瘡を軽く済ませてやると約束したのだという（『譚海』巻五）。

このように疱瘡神はきわめて擬人化して人間生活に密着した形や行為を示しているのである。祀る方が、崇めているならば、他の悪神のように災厄をもたらすことを止めて、逆に疱瘡にかからないよう守護してくれるという考えなのである。

疱瘡神を讃える

こうした面から疱瘡神の民俗に眼を向けると、たとえば新潟県中頸城郡源村尾神で、疱瘡にかかった際、藁四、五本でタガを作り、それに笹を二、三葉つけ疱瘡神として祀る。疱瘡後七日目に、それを子供の頭の上にかぶせて、祓いといって「疱瘡の神さんご苦労さん」と唱え、母親がお湯をかけるという。また千葉県君津郡関豊村では、子供が疱瘡にかかると、家の中の真中の柱に、スズミの木で棚を作り、疱瘡神を祀る。隣近所からは「おめでとうございます」といってお祝いに来てくれる。そのお礼には赤飯をたいて配るといっている。鹿児島県日置郡阿多村では、疱瘡が流行すると、疱瘡神は踊りが大好きだといい、疱瘡の唄をうたって踊った。その文句は「今年良い年　御ほそがはやる。ヤレメデタヨー」といったものである（草川前掲論文）。こうした疱瘡神の来臨を喜び、それを讃えるという意識は他の疫病神には認められない内容である。

福井県名田庄村井上では同族の下野カブ四戸で毎年節分の夜、床の間にホーソーじいさんとホーソーばあさんの人形を並べて、二つの椀に飯を盛って供えた。そして家中真暗にして静かに待っている。真夜中になるとホーソー神は白い煙とともに天井の方から降りてくる。その瞬間床の間でコトリと音がして、家人はいよいよホーソー神が来臨したことを知るのであった。これは忌ごもりして家の神を迎える儀式であり、ここに意識されている疱瘡神は、悪神であるよりも、同族の守護神に対するのと同様なのである。

疱瘡神は祖霊か

草川隆は、疱瘡というのは一種の通過儀礼であり、成長過程の小児が外界に出て初めて受ける大きな試練の時であったので、その折りに訪れてくるのは祖霊の守護霊であり、それが厄神の零落化した疱瘡神となって表現されるのではないかと、興味深い考察を行なっている。疱瘡神を祖霊にストレートに結びつけることにはいささか論理の飛躍があるかもしれないが、これは明らかに霊神ではなく守護神、それも家の神的な性格がある。悪神として家々を巡りながら疱瘡をもたらすが、それは神の膳で饗応されることによって、福神と化す。それが神がかりなどの霊感などを伴っていて霊験高い存在として村や家で福神的要素をもって祀られるようになっているといえるであろう。

かくて、疱瘡神→福神のコースも、前述した御霊→和霊・霊神と同様に、日本の庶民の宗教意識の創造的側面に基づいたコースとして指摘されるであろう。

4　福神信仰の系譜

七福神詣で

福の神といえば七福神詣でが、現在も年末年始に、東京人の間に流行している。七福神のコースはあちこちにあり、たとえば谷中を中心に、不忍池弁天堂（弁財天）、護国院（大黒天）、天王寺（毘沙門天）、長安寺（寿老人）、修性院（布袋）、青雲寺（恵比須）、東覚寺（福禄寿）。また向島を中心に、多聞寺（毘沙門天）、白鬚神社（寿老人）、百花園（福禄寿）、弘福寺（布袋）、三囲神社（大黒天、恵比須）、長命寺（弁財天）といった地域にまとめられて七福神詣でのコースが設定されている。そもそもこうした七福神詣でが流行しだしたのは文化文政年間であって、参詣のコースの範囲もその頃はもっと広がっていたようだ。

『享和雑記』巻四には、

近頃正月初出に七福神参りといふ事始りて遊人多く参詣する事となれり、その七福神は不忍の弁才天、谷中感応寺の毘沙門、同長安寺の寿老人、日暮の里青雲寺の恵比須大黒布袋、田畑西行庵の福禄神也、近頃年々にて福神詣する人多くなれりと記されている。『享和雑記』は文政六（一八二三）年に書かれたものだから、ほぼこの頃に七福神詣でが風俗として流行していたことが推察される。やはり文政五年の『百草』には、七福神順路として、右の記事とほぼ似たコースを記しているが、大黒天は小石川伝通院、恵比須は深川三十三間堂川筋の夷之宮とあるので、当時すでにいくつかのコースが定められていたらしい。

七福神の起源

福神の数が七に限られたのは、七難七福という仏教用語に基づいている。喜田貞吉は、七福神の成立が、室町時代の禅僧仲間でしばしば語られた七賢になぞらえて選択されたと指摘している（喜田貞吉「七福神の成立」『民族と歴史』三―一）。選ばれた福神は、上方に当時流行していた夷・大黒の二神を軸として、鞍馬の毘沙門天、また禅画の画題として流行していた布袋和尚、仙人風の福禄寿星が、福禄寿と寿老人の二様に分けられて加えられた。そして当初は鈿女命（うずめのみこと）であったのが、竹生島の弁財天の流行に伴い、これとすりかえられ、結局七福神の原型ができ上がったのだといわれている。要するに室町時代、京の町衆文化の中で、ほぼ七福神の原型が作られたといえるのだろう。

七福神舞い、福島県安達郡白沢村

近世中期に入ると、七福神が船にのって金銀、米俵を満載してやってくる宝船の図柄を描いた絵が江戸町人たちの間でもてはやされた。

正月二日　今夜宝船の絵を枕下にしきて寝る也（中略）今世禁裡に用ひ玉ふは舟に米俵を積むの図也印版なり民間に売る者は七福神或は宝尽等を画く（中略）京坂は近世廃衰す　江戸は今も専ら元日二日の宵に小民売レ之巡る宝船の印紙に道中双六の印紙を兼売る其詞曰道中双六おたから〱今夜の夢を初夢と云故に吉夢を見んと宝船をしくこと也

（『近世風俗志』第二三）

これは初夢の習俗のなかに七福神をのせた宝船が、用いられていることを示している。宝船の図柄は、福神が海の彼方から豊かな富を満載して訪れてくることを描いていた。秋田県沿岸部で万歳が唱える文句に、「海の面を眺むれば天竺の方よりも綾や錦を帆にかけて数多の宝をお船に積みて秋田の港へ船がつくぞや」（『東北民謡集』一〇二頁、昭和八年）とある。仙台では、宝船に福神がのりこんで、「宝の舟は十と三艘七福神が乗り込んで布袋が帆柱押し立てて福禄神が帆をあげて（中略）大黒恵比須は舵をとりお米とお酒を積み込んで帆足を揃えてこの方の御門に寄せ来る」（『宮城県史』民俗Ⅰ、五五八頁）と唱えていた。神奈川県三崎町で歌われる「えんこの節」の一節にも、「艫の飾りは大黒よ表の飾りにお恵比須よ中には十二のお船宝」とある。江戸に流行した富本節、半太夫節、長唄などの「三番叟」の中にも「黄金もわき候池の汀に宝船がつくとのともべには恵比須大黒中は毘沙門吉祥天女弁財天」と唱われたように宝船と福神とは、定型化されて歌詞の中で結びつけられて、流行したのである。ということは、福神に対するイメージが、現実とは遠く離れた異郷からの来訪者という観念を基底に成り立っていたことを示しているのである。

大黒と田の神

福神の性格について、それぞれを吟味しておこう。大黒は恵比須と並ぶ日本の代表的な福神である。農村部では大黒というと、田の神だと意識されている地域が多い。四国、九州地方では秋収穫が終了した後、親類縁者が集まって祝宴をはった。この日の祝いを大黒祝いといっている。長崎県壱岐島では、稲の取入れの後、稲束を家の中に祀ってある荒神に献じ、その上に米飯を一升枡に入れたものをのせて供えた。これを大黒上げと称していた。大黒はふつう台所に祀られており、主婦が祀っている。朝お茶と飯をあげ、榊を立てている。また味噌の神様ともいい、みそ作りの日に焼酎を供えたりもした。大黒様は、女の頭だから機を織る時にオリタテを供えるのだと鹿児島県肝属郡百引村ではいっていた（『綜合日本民俗語彙』八三六頁）。千葉県下総地方では、大黒さんの日というのがあり、二月八日と十二月八日で、それぞれオコトハジメとオコトジメという。二月八日は、大黒さんが世間に働きに出かける日であり、大豆で黄粉をこしらえて餅をつくという。一方十二月八日の方は、大黒さんが一年中外に出て家のために働いてきた終わりの日にあたり、その時まで働いて得た収入を持って家に帰ってくる日であるとして、餅をつきササギで餡を作り供えたという（水野葉舟「下総に於ける子の神の信仰」『国学院雑誌』四七—一〇）。明らかにこれはコト八日という重要な折り目に大黒信仰が結びついていることがわかる。大黒の農神的性格が示されているといえるだろう。

大黒天の性格

大黒は仏教と習合したインドの神で大黒天のことであり、インドの諸寺の台所の柱の側に神主形で金嚢を持つ像として祀られているのが原型である。これは唐僧義浄三蔵の『南海寄帰伝』の記事

西方諸大寺処、咸於二食厨柱側一或在二大庫門前一彫レ木表レ形　或二尺三尺　為二神主状一
坐把二金嚢一　却踞二小牀一　一脚垂レ地　毎将レ油拭　黒色為レ形　号曰二莫河歌羅一　即
大黒神也、古代相承云、是大王之部属、特受二三宝一　護二持五衆一使レ無二損耗一　求者
称レ情　但至二食事一厨家毎薦二香火一　所レ有飲食　随列二於前一云云（下略）

によっている。すなわち寺院の食堂に祀られる神であり、金嚢を持っていて、その背丈は二尺から三尺の小軀で、いつも油で拭われているため黒色になっているというのである。そして食事の時には、香を焚き、食事をその前に並べ供えるのだという。

ところがインドの大黒天にはもう一つの面があった。それは軍神としての大黒天であり、三面六臂忿怒の形相を示すものである。台所の神と軍神と相反する性格が形成されていることについての説明はまだ十分になされていない。喜田貞吉の研究では、『空華談叢』の説を引いて、これは大黒天の権類・実類の二面性にあるとしている。実類として現われているのが軍神であり、これは鬼神の王で、もっぱら血肉を食する神である。この考えは孔雀王経や三世最勝心明王経などの所説に基づいていた。一方、先に掲げた『南海寄帰伝』の大黒天は、権類の方であって護法善神として現われているという（喜田貞吉「大黒神像の変遷」『民族と歴史』三―一）。一方では荒々しい神であり、他方では善神として出現する

のはどういう因由によるものかそれ以上は明らかにされていない。

三面大黒天

日本でこの大黒天が受容された際、後者の方つまり権類の護法善神である台所の神としての性格の方であったことは注目される。大黒天を宗派として受け入れたのは最澄の天台宗であり、これは天台系密教の中で三面大黒天として知られている。叡山で伝教大師最澄が大黒と問答を交わしたという伝説がある。そこで大黒天は最澄の問いに答えて次のように述べたという。

> 問云、爾誰人耶、答曰為㆓大黒尊㆒為㆓貧衆生㆒示㆑福伝㆑教、問云眼細咲顔相如何、答云慈眼視㆓衆生㆒之故云、上云後袋如何、答曰福聚悔無量故云、問云持㆑槌事如何、答曰是則宝珠衆生如意授㆑宝故云、問云色黒而耳宵故如、答云無明即明示故云、短身円形如何、表㆓正覚久遠㆒云、独一無㆓眷属㆒如何、答云唯我一人能為㆓救護㆒相顕也（下略）
>
> （『遠碧軒記』下ノ三）

これらの問答に示された大黒は、すでに福神としてのイメージに描かれている。袋を背負い破顔する相好であり、片手に槌を持った大黒様なのである。このことを記した書物は近世初期に成ったものであるから、天台系寺院で厨房の神と祀られる大黒が、やがて授福の神に転化し、そのイメージが民間に定着しつつあったことを示している。ところが『近江輿地志略』比叡山の条にのせられた大黒堂の大黒天の由来を見ると、

或書曰此大黒天之像三面也、故号三面大黒天也、相伝往古自地中穿得於此像云云、昔伝教大師登山の時、大黒天神あらはれ、我此山の守護とならんといふ、伝教大師云、夫我山は一念三千、三千一念の義に擬して三千の衆徒あり、大黒天は一日に千人を扶持す、豈及ぶべけんや、其時大黒天忽三面六臂とあらはる、伝教感喜し其像を自刻此処に安置す

とある。三面六臂である叡山の大黒天の特異性を由来づけたものであるが、少なくとも台所の神であるという大黒天の性質だけに限定されている縁起譚であって、福神としての描写に乏しい。

大黒と大国主命

大黒天が福神として民衆に接し得たのは、大黒と大国主命の出雲信仰との習合と混同にあったのである。それは長沼賢海が指摘するように、大和の三輪明神の本地に大黒天が指定されたことを前提としている（長沼賢海「大黒天考」『史学雑誌』二七―二・五）すなわち「三輪大明神縁起」（文保二年〔一三一八〕と伝えられる）によると、三輪大明神と日吉山王とが同躰であることを記し、伝教大師が帰朝して天台宗守護神にまず吉野の子守明神を勧請せんとしたが叶わず、次いで北方高大神に参り祈請すると託宣があり、大黒天の形をとった三輪明神が出現したことが述べられている。三輪明神は大物主神すなわち大国主命の和魂を祀る名社である。こうした縁起作成に当たっては当然天台系修験の関与を予測させるものであるが、なお大黒は宗派性を超越して民間信仰の福神に変化し得る素地を持っていたといえる。それは、大黒が台所の守護神であったことであり、この要素が民間に受容される場合、各家の台所に祀られ、必然的に主婦が司祭することになったのである。

大黒とネズミ

大黒が家の神的存在になっていったことは、鼠がその使令であることからも明らかである。家鼠は昔から霊獣視されていた。中国では、三百歳の鼠がいて、人に憑いて卜占をしたという。またよく一年中の吉凶や千里の外の事を熟知していたという話もある（山本信有『七福神考』）。日本にも次のような話がある。

寛文六年の事にてありしが、江戸新両替四丁目、香具屋九郎左ヱ門宅にて鼠あまりに溢れければ、桝落してとり、家来に殺せよといひつけしを、不便の事におもひ、助け放ちし、その夜の夢に児一人来り、頻には命たまはり恭こそ候へ…酒一ツきこしめし候へとすすめ、金魚をさかなに出しけるを戴き食ふとおもひ、なにやらん口に物のありしを吐出しみれば金子一歩なり

（『新著聞集』第三）

これなどは鼠に特別の霊性を認めた上での話である。ちょうど狐が稲荷＝田の神の使令として信仰される過程と揆を一にしている。鼠はしばしば災害を予知する霊能を持つという。火事とか地震が近いと、家にいた鼠たちが姿を隠してしまうと思われた。「鼠はこの家の守護なり」（『甲子夜話』巻四四）と述べられる程なのであった。たまたま台所に出没する頻度も高いことから、台所の守護神のつかわしめだと意識されたのである。一方では大黒は北方つまり子の方を司る神だという説がある。干支の思想の普及に応じて大黒は子の神であり、子の日を縁日とすることとなり、同時に、鼠＝子から大黒の使令と解される

ようになった。「大黒は北方子の神なるゆへに、子の日を以て祭り、子祭といふ、子は十二支のはじめにて、甲は十干のはじめ故に甲子の日に祭るなり、大黒は水徳、故に大黒といふ、黒は水の本色なり、世俗に大黒神の使者は鼠なりといふ」（前掲『七福神考』）という説は近世にはきわめて普遍化していたのであった。

家の神としての大黒

大黒がもたらす富とか繁栄は、あくまで家単位に考えられたのも、そうした各家の台所の守護神という発想に支えられていたからである。室町時代にすでにそうした考えがあり、『宗祇諸国物語』には、大和下市の長者鼠十郎の話として、彼がたいへん富裕な理由は、「里人のいふ、此の家に三面の大黒天あり、昔伝教大師（中略）即時三体同じ形像に刻み給ふ、如何にしてか此の一体鼠十郎が家に守り奉る。其の故此の尊の眷属に比して、自が名に鼠の字を用ふ（下略）」というように大黒の庇護によるものだと書いている。

また承応のころ、京都長者町に桔梗屋甚三郎という染物屋が住んでいた。その者が大黒を祀っていた有様について、『近代世事談』には次のように記されている。

世俗の云、此甚三郎は貧之神を祭りて富貴となれり、其神像は藁にて作り紙を以冠衣服とし、旦暮これを祈りしと云ふ。案是則福神也、金銀の箔にて作るを藁にてこしらへ、錦繍をおほひかざる所を紙にす、謙て驕らぬいましめ也、世に福神と称す大黒これ也、頭にかぶる所の者は上に示すものありて、我まゝにせざるの心、色黒きは美をかざらず、成低きは高ぶらぬ形、持所の袋は財宝を蔵す、槌は業の具しばらくも手をはなつ事なかれ、職人農人の手は、則打出の小槌也。ふむ所の米穀は命を全ふするの元なり、これを以心に祈らはかならす福来りぬへし。

近世初期の段階で、都市商人が祀る大黒の霊験は、富貴にあったが、右の史料にも明らかなように招福の観念は町人の生活道徳の実行に支えられているといえる。典型的な大黒天像のそれぞれの道具立ての部分に、町人の道徳観を結びつけて、それぞれの家訓とし、ひいては富者となるべき方途を教えている。それほどに家単位を中心とした大黒の福神化が定着していたのである。

大黒舞による伝播

町から村へ、中央から地方へと、天台寺院にはじまって、まず中世町衆の世界に受容された大黒信仰は各地に伝播していった。その伝播者の一つは、毎年正月に各地の家々を巡行していった大黒舞であった。『近世風俗志』に、

大黒舞、大坂は今も有レ之江戸は無レ之是亦三都とも昔は在て今世節季候江戸に残り大黒舞大坂に存せり、毎歳元日毎に在る四ケ所部下を置其親方と云て四ケ所に居て長吏下の者或は自ら為或は雇夫を以て為レ之、雇夫の者多しとす。

と記されている。江戸時代中期の段階では、ずいぶん変化してしまっているが、散所民の系譜を引く「穢多非人」の類の業として知られていた。芸能化する以前には、まだ「肩衣を着大小の刀をさし人家の庭に立て其年の大小の月の数吉凶などの事を云てありし」(『嬉遊笑覧』巻五)というような信仰的要素が秘められている存在であった。かれらが、「一に俵をふんまえて、二ににっこと笑うて、三に酒つくりて、四つ世の中よいように、五つ何時もの如くに、六つ無病息災に、七つ何事ない様に、八つ屋敷広めて、九つ倉を建て並べ、十でとうと治まる御代こそめでたけれ」とうたいながら、各家々に幸いをもたらす寿祠を述べて歩くことは、福運が大黒によってもたらされる意味をいっそう強調することになったのである。大黒舞が巡行の神人でありかつ零落したまれ人の姿を示すとすれば、かれら

によってもたらされた大黒そのものもまた外界つまり異郷の地から訪れ、やがて家々の内部に定着していったまれ人の変型と見なすことができる。そうした姿は、大黒と並ぶ恵比須にいっそうはっきり現われている。

エビスの原義

エビスは恵比寿とも夷ともかくが、夷の方が元来の意味をよく示すものであろう。『明月記』貞永二（一二三三）年正月十七日の条に、「近日咳病世俗称二夷病一去比夷狄入京万人玩見」とあって、異邦人の入京が、夷病を流行させたかのように記している。夷は海の彼方の異郷の地であるとか、辺境の地と意識されていたのである。実際『源平盛衰記』などには、鬼界ケ島の山奥に峰高く谷深き鸞岳があり、その岳の一角の岩山に夷三郎が祀られていたことを述べている（鬼界島の段）。絶海の孤島に住む荒ぶる神が夷神に擬せられていたのである。

漂着神としてのエビス

エビスには、もう一つの特徴がある。それは異郷の地から漂着してきて祀られるということで、沿岸部の漁村にはエビスが濃厚に分布する要因となっている、漁民がエビスとして祀っているのは、海中の石、水死人、特別な魚などである。鹿児島県肝属郡内之浦では以前網場で網子が目隠しをして海中に潜り、つかんできた石をエビス神として祀ったという。また漁の最中などに水死人の漂流にであうと、エビス様を拾ったといって喜び、ていに祀ったという。特別な魚とりわけ鯨や鮫をエビスといった。これは鯨や鮫を見ると、魚群がそれにかならず伴っていて、大漁をもたらしてくれるからである（桜田勝徳「漁村に於けるエビス神の神体」『国学院雑誌』四七―一〇）。漁村にあっては、要するに大漁をもたらしてくれる神がエビス神なのであり、それは遠い海の彼方からやって来るものだと信じられていたのである。

西宮エビス

こうした夷神一般の信仰を、恵比須の福神信仰に高め、全国的に広めたのは平田神社の末社の夷社として知られる西宮戎（えびす）社であった。西宮戎の信仰はすでに平安時代末に盛んになっていたという。西宮戒も、その本体は海辺に漂着した夷神であり、当初荒夷の名称で知られる荒ぶる神であった。建久二（一一九一）年戎宮が鳴動して、怪異があり、やがて訪れてくる異変を伝えたり（『仲資王記』）、応永二十六（一四一九）年朝鮮兵の対馬侵入や凶作異変などを前にして、西宮戎宮が震動したり、軍兵数十騎が女武者にひきいられて上京するという幻影を神人が見たりする一件があったという（『看聞御記』）。この時期には、エビスが夷本来の荒ぶる神であり、軍神の如き性格をも兼ね合わせていたことが分かる。

エビス三郎

ところでエビスを一般に夷三郎と称するのは、室町時代末期からであり、それまでは夷と三郎は別個の信仰対象であった。夷は本地を毘沙門天とし、三郎は本地を不動明王として機能的に別であり、広田社でも別個に祀られていたらしい。夷像といえば、誰でも知っている大きな魚を持った烏帽子姿の神像であるが、これは三郎殿のイメージである。三郎殿は大己貴命の三男事代主命であるとか、神功皇后の御子であるとか、神功皇后の恩寵を受けた広田神社の神主の名であるとかさまざまの異説がある。広田神社は神功皇后を主神とするわけで、これを祀る司祭者が、三郎殿であり、これを因縁づけるのに神話では特異な存在を示す奇形児蛭子神と同じなのだという説もある。いずれにせよ広田神の信仰から派生した漂着神としての性格が三郎殿にはあった。夷神はさらに普遍的な漂着神なのであって、これが広田神と習合した際、広田神の内部に包摂されていた三郎殿が密着したように思われる。長沼賢海は、三郎と夷を混同し、夷の神徳が三郎神を圧倒したため、三郎神が夷の中に組みこまれ、ついに夷三郎として知られるようになったのではないかと推察している（長沼賢海「えびす考」『史学雑誌』二七―二）。

世を救うエビス

いずれにせよエビスは、当時にあって異郷から訪れた荒々しい霊力を持った新しい神として崇敬を集めたのである。広田社の末社という神格は下位にあっても、俗称西宮戎の方が広田社の力を圧倒するほどに勢いが強く、一般民衆にも迎えられたのであった。安心法師の歌に

世を救ふえびすの神の誓ひには
もらさじ物を数ならぬ身も

とあり、一般に世を救う神として期待されていたのであった。

現在民俗としても強い力を持つ恵比須信仰は、先にも記したようにまず漁村における信仰をより古い型としているが、農村・都市においては別の展開を示していることに気づくだろう。

家の神としてのエビス

福島県石城郡内郷村では、エビスは台所に祀られ、台所の神つまり家の神であるが、耳が聞えず、左利きだという伝承がある。いつもエビス膳を供えるが、その供物は後で家の主人だけが食べる慣わしであった。エビスをはっきり田の神だという地域は、愛知県北設楽郡にある。苗取の日に糯の苗を、わざわざ両親のある子供にとらせてきて、これを家の台所に祀られているエビスに供えた。またエビス苗という語が奈良県吉野郡の十津川村にある。これは、苗をとりおわって、一番最後に残った苗のことをさしている。この苗をやはりエビスに供えるのである（以上の資料は『綜合日本民俗語彙』一八七頁）。エビスは大黒と並び家の神の代表的なものであり家の福運をつかさどるという考えがある。岐阜県大野郡丹生川村瓜田では、エビスサマノカネブクロという言葉があるが、これは春山へ入って行って、タソという山繭のようなものが枯柴にぶら下がったままなのを見つけてきて、それを家のエビスと大黒に供えた。そうするとその年はお金が沢山入ってくるといわれていた。

エビス講

エビス講というのは、よく分布している名称であるが、講は祭りの意味である。この祭日は年の終わりと新年早々との二度ある。年の暮は旧十二月五日ごろで、岩手県下閉伊郡あたりでは、端午の節供と同様にかならず魚を食べたという。秋田県の男鹿半島の寒風山麓では、エビス講の年取といって、小豆粥をこしらえて祝ったという。長野県諏訪市では、正月三日をエビスサマの年取と称した。この日は、小豆飯に尾頭つきの魚をエビスに供える。供物のお下がりは、主婦が食べるのだといっている。静岡県榛原郡では正月二十日がエビス講であるが、正月二十日とする地域は比較的多い。農村におけるエビス講は、農耕儀礼の一環に連なっている。暮のエビス講は収穫祭の一種であるし、新年のエビス講は、予祝行事の一つであろう。ともに盛大なる祝宴を、エビスの前で催している。家単位の行事であることは、エビスが家の福の神であることによる。

エビス講の変遷

エビス講は歴史的には、中世に起源を持ち、商人が結成した同業組合ともいうべきものである。たとえば越前地方河野浦山内の馬借たちがある時期を選んで戎講を催し、その際重要事件を協議したという事例がある。また信長の清洲城下町の商人頭が尾張・美濃両国の商人を支配したが、その傘下にある組織を、夷子講と称していた。近世の戎講というと、大坂を中心に商人仲間が結成したもので、干鰯商人、漆商人、蚊帳仲間、正米売買仲間などの講があげられている。関西のエビス講は、今宮エビスの信仰圏の中で町人の年中行事として定着していたのである。『近世風俗志』第二十四に、

十月二十日　今日京坂にて誓文払と云江戸にて恵比寿講と云、京坂にては唯呉服木綿着等大小売ども蛭子神を祭り、家内も祝レ之又今宮等に参詣す、他商にては不二祭祀一者多し（中略）江戸にては正月十日に祭らず諸商家ともに今日毎戸蛭子尊を祀り親族及び賈道得意の輩を会して宴すること盛也しが、天保以来全く廃せざれども前年に及ばず、蓋し蛭子神に参詣する所無レ之（下略）

とあり、近世中期以降には、江戸では商家における祭りとなっていたが、大坂では、呉服商だけに限られており、誓文払いという安売りの大売り出しの日となり、今日見られるような習俗に変化している。大坂では十月二日の誓文払いとは別に、十日恵比須という今宮戎の縁日があり、こちらの方が盛大であった。戎詣では「商家は男女老少交替して詣レ之大約不を稀とす故に彼地第一の群集とし第一の紋日と称す九日の朝より同通夜詣人絶せず十日夜に止む通路心斎橋通を専とし官倉の辺等立錐の地なし」という賑わいであった。

二十日エビス

江戸ではこれが今宮戎の縁日という形では展開せず、十月二十日の恵比須祭りとなっている。

十月恵比須からは大かたすだれをかけ、見せ相応に祝ひ、客抔まねき賑にしたる事也別て伊勢町抔は一軒も不レ残軒並簾かけて賑やかにいはひし事也、小網町辺、伝馬町、本町抔も殊之外賑やかに祝ひたる事

（『寛保延享江府風俗志』）

右のような光景は、ちょうど農村における収穫祭と通ずるものがある。生産生活とは遊離した都市生活の中にあっても、商家の仕事に一区切りをつけ、切替える時期が必要であったと思われる。農村においては、それを田の神が司るのであるが、都市においては、エビスが主役をつとめたといえる。それはエビス神が本来もっていた福神の機能から生じたものなのであった。

エビス舞による伝播

漁村、農村、都市と大雑把な区分けの仕方のなかで、それぞれエビス信仰のあり方に若

干の差異があった。漁村の沿岸部では、エビスは外来の異郷から訪れる神としての認識が深く、またそれだけに霊力の強い存在である。

海中の石とか、溺死者の死体とか、鯨とか鮫などが神体として考えられていた。漁期にそういった神体が現われると、大漁の予兆と見なす風があったのである。これが農村部に入ると、むしろ家の神の一つで福運は大漁ではなく豊作をもたらしてくれる存在として期待される。おおむねそれは田の神によってであるが田の神になり代ってエビスが果たすとも考えられた。こうした信仰の普及は主として、近世に各地を巡行した西宮の夷舞の神人たちによる所が大きかったのである。大黒が出雲の神人たちによって伝播されるのと同じケースであった。夷舞はたとえば「西の宮の恵比須三郎ヱ門の尉、生れ月日は何時ぞと問へば、福徳元年正月三日、寅の一点まだ卯の刻になるやならずに安ッすく〵と御誕生なされた」とうたわれ、福運をもたらす運命をもって恵比須が出現したことを触れ歩いたのである。さらに都市に普及したエビスは、関西では、十日戎の今宮戎の信仰範囲であって、そこへの群参形式を伴う盛大な祭りとなった。一方関東では、江戸の二十日エビスが商家の典型的な福神の代表となっていた。十月二十日のエビス講は、商人仲間の結合単位にもなったが、個々の商家での椀飯振舞いは、農村から都市へと移行しつつあった江戸の一つの特徴となっていたといえるのである。

ところでエビス大黒を並祀する風は、室町時代中期の頃からあった。『塵塚物語』には、「或人の言へるは、大黒と夷と対して、或は木像を刻み、或は絵に描きて富貴を祈る本主とせり。世間こぞりて一家一館に之を安置せずといふことなし。但夷の事はその本説ありと見ゆれど、大黒といふこと何れの頃より斎ひそめたりといふ本説確に見侍ず」と記されている。この時期に作られた狂言「恵比須大黒」には比叡山三面の大黒天と西の宮の恵比須殿を並べて、両方とも勧請されるのが慣いであったことを記している。「是は比叡山三面の大黒なるが三郎殿と我は一所にあるものならば共々楽しうなしてとらせうと思ひ、現はれ出でてあるぞと（下略）」といった表現がある。

両者並祀の理由について、喜田貞吉は、大黒が大国主のダイコクとしてとらえられ、大国主の子の事代主が三郎殿という説がとなえられていたことから、大黒と夷三郎が並祀されるようになったのではないかとしている（喜田貞吉「大黒・夷二福神並祀の由来」『民族と歴史』三―一）。そうした中世に流行したという解釈もさることながら、両者ともにその前身が激しく荒々しい性格の神であったにもかかわらず、逆に豊かな福運をもたらす神に変化させられていたこと、一神より二神の方がより強力な霊験の発現が期待できたこと、元来伝統的には男女神とか夫婦神の二神を祀ることがあって、たとえば田の神も二体と考え

柳津虚空蔵のエビス大黒

られていたこと、そうした素地にのっとった発現の方式が考えられていたことなど、日本人の神観念を吟味する上で、この福神信仰は好個のデータを提供しているといえるのである。

Ⅲ　流行神仏の性格

1　近世寺院と流行神仏

民衆生活とのふれ合い

江戸時代仏教の一つの特徴は、民衆生活との関わりあいの仕方にある。仏教を受容する立場に立ってみた場合、民衆の仏教に対する欲求がまずあり、仏教信仰はそれに応じて再生産される。信仰とは別の次元で、江戸の仏教は権力の枠に包みこまれたといわれる。それは全国的な寺請制をとることによって、幕府の末端機構に位置づけられたこと、さらには家を単位として寺院に結びつけられたことなど、それは幕藩体制下の仏教がになった立場であった。僧は寺院に止まり、民衆と接触する場合には寺院を場とする宗教現象が見られるようになる。民衆の求める現世利益に叶うような信仰内容は、僧が寺院で講会を催して説く深遠なるお説教よりも、ご祈禱を伴ったマジカルな修法のもたらす効果と、特別の霊験を説かれた仏菩薩の脇侍や境内仏の類によるものであった。辻善之助の近世仏教への評価が、そうした現象を仏教の形骸化、堕落ととらえたことは、それなりの意味はあるにしても、受容する側の民衆の立場が捨象されたといえるだろう。

幕府の宗教政策

さて幕府の宗教政策を概観しておこう。江戸時代初期は寺院統制が積極的に打ち出された時期で、すべての寺院に本末関係が定められ組織化され、一般民衆をこれら寺院にすべて帰属させる寺請制度が確立したのである。この時期に、寺院が急増したことは肯けるのであって、村に寺院がないとはなはだ困るため、わざわざ本山に願い出て村寺を設立することもあったのである。たとえば江戸の寺院をみると、元禄年間までに約一千カ寺が増加している。とくに江戸は家康の入国以来、慶長の終わりから、元和・寛永にかけて増加した。しかし寛永八（一六三一）年に新地建立禁止令が出されて、その増加の度合は減りつつあった。この法令が出されてから約五十年後、すなわち元禄元（一六八八）年寺院古跡新地之定書が出され、寛永八年までの寺院を古跡それ以降を新地という区分けをした。この区別はそのまま寺院の階層ともなった。すなわち古跡寺院は、寛永十（一六三三）年に各宗本山から出された「本末帳」にのせられた寺院であり、幕府の保護を受けている。それに対して新地寺院は、「本末帳」にはのっていないし、寺領も与えられていないという具合である。中尾堯の調べによると、新地寺院には、浄土宗、禅宗、日蓮宗などが多いという。新地寺院は、寺社奉行の認可を得て開基できることになっており、新地寺院の建立を意図する僧は、有力武士と結びついて援助を受け、その武士の祈禱寺または菩提寺としての性格をもって作られた（『文京区史』巻二、六九一頁）。元禄五（一六九二）年新地寺院の一部が古跡に昇格し、それ以降の新地寺院建立は、厳禁されることになった。だから寺院の数もこの年代から後は固定するか減少の方向をとるにいたったのである（なお詳細は圭室文雄『江戸幕府の宗教統制』昭和四六年参照）。

祈禱寺と菩提寺

ところで祈禱寺と菩提寺を見ると、祈禱寺は真言、天台、日蓮宗などに多く、菩提寺は浄土、禅宗に比較的多く見られる。これらの寺院で、幕府や有力武士たちの特別の庇護を受けている寺院は、いちおう経済的基礎を固めていたが、新地寺院でかつ中小寺院の類になると、経済的背景は乏しく、また菩提寺は檀家に依拠して寺院経営を成り立たせることはできても、それだけでは十分とはいかない。祈禱寺になると、ご祈禱だけで食べていかなくてはならず、そのご祈禱の霊験をいっそう強力なものにしなくてはならない。そこで寺院内に祀られている諸仏諸神が登場する。これらの縁起は江戸時代にしきりと作られ、それぞれが民衆の宗教意識に巧みに結びつけられるように配慮されているのであった。

小日向の大日堂

たとえば江戸小日向（現文京区）の大日堂で知られる妙足院をみると、『江戸名所図会』に次のように記されている。

大日坂にあり、天台宗にして、覚王山妙足院と号す。相伝ふ、本尊大日如来は、慈覚大師、唐より携へ来る所の霊像なり。往古は叡山の中に安置ありしを、元亀年間織田信長、総門を襲はるる頃堂宇悉く兵火に罹りて灰燼となる。されど此本尊は火焔を遁れ出で、近江国兵主明神の社頭深林の中に移り給ひ、其後夜な〳〵瑞光を放ち給ふ。よって藤原氏某感得して其家に移しまゐらせ、旦暮供養する事怠りなし。然るに此人嗣子なきを憂とし、此尊に祈求して、竟に一女子を設く。長ずるに及んで紀伊亜相頼宣卿に仕へ奉り、後落飾して法善尼と号す。此尼霊夢を感ずるの後、当寺を開き、ここに安置し奉りしといへり。

と奇蹟譚を語ることによって、いわゆる流行仏としての信仰をしだいに集めていた。実態をみると本尊は胎蔵界の大日如来で、大日堂の内部には、不動、弥陀三尊、聖徳太子、弁天、愛染、イザナギ、イザナミ、千手観音、薬師、大黒、閻魔と並び、また、末社に金毘羅、稲荷、山王、秋葉、疱瘡神と祀られていたからまさに百貨店なみの祀られ方である(『文京区史』巻二、七〇七頁)。

縁日

こうした寺院内の諸神諸仏はそれぞれの因縁があって、それから生まれた霊験が語られ、人々の参詣を集めるのであるが、それは具体的には縁日と開帳という宗教行動であった。縁日は、その日に限って、特定の仏菩薩の縁にあずかれる日なのであって、観音や薬師などの縁日は平安時代から民間社会に知られていた。たとえば薬師は八日、阿弥陀は十五日、観音は十八日、地蔵は二十四日、不動は二十八日で、干支でいうと巳日の弁天、子日の大黒、寅日の毘沙門はよく知られている。縁日と一般に解されているのは、縁日をもった仏菩薩を持つ寺院が、この日に人々の群参を受け、門前には市や店が立って雑踏となる状況である。霊験あらたかな仏菩薩ほど賑やかになったのである。こうした雑踏的な縁日は二次的変化であると平山敏治郎は指摘している。もっと古くには、参詣結縁に最適の日であ

駒込浅間神社の縁日

り、信者による潔斎精進が行なわれた日であったと推察している。さらにはその基底に古くからある祭の日を守る信仰があると考えられている（平山敏治郎「縁日と開帳」『日本民俗学会報』一四）。近世になると、縁日詣でがいっそう興行的になり、観音の縁日を毎月十八日に行ない、それとともに七月十日を四万六千日と称して、この日に参詣すれば四万六千日分の参詣に該当するご利益が得られるのだという考えも説かれていた。これはまさに寺院側からのアッピールであり、一方現世利益を求める民衆の要求にも応じていたといえるだろう。

開帳

縁日に加えて開帳という方式が生じたのは、中世である。これは本尊を実際に民衆の前に出現させ、いっそう霊験のあらたかなことを強調させるものであった。もちろんその前提に秘仏に対する信仰があり、これは中国による影響が大きいといわれている。一般に開帳は三十三年に一度の周期であった。やたらに開帳しては、その効果もうすれる。しかし一方では三十三年周期では永すぎるという考えもあって、なにかにかこつけて臨時に開帳を行なう例がしばしばあった。とりわけ近世寺院にあっては、その財政面との関わり合いがあり、本堂の修理やらその他経済的な逼迫があると、その打開策を開帳に求めることが多かった。その場合、自分の寺院内で開帳する時と、もっと参詣を集めやすい江戸などに進出する時とがあった。前者を居開帳、後者を出開帳といい、江戸での出開帳の場合は、両国回向院などがしばしば使われていた。次に成田山の開帳の例を記しておこう。

成田山信仰

周知のように成田山信仰は、千葉県成田市の成田山神護新勝寺の本尊不動明王に対するものである。寺伝によると、新勝寺は天慶三（九四〇）年、寛朝僧正の草創、不動尊は弘法大師が嵯峨天皇の勅願により刻んだという。平将門調伏の護摩奉修をこの不動尊に行なって験力があった功績により、将門の乱平定後寺が建立されたと伝える。ここに少なくも地方豪族と結びついた修験の活躍を知ることができる。近世の段階では、江戸の新義真言宗豊山派弥勒寺支配下となり、宝永年間に独立した。佐倉藩主稲葉丹後守の庇護を受けて、江戸時代は寺院の祈禱寺として大きな勢力を持ちつつあった。これが江戸町人と接触したのは、具体的には元禄十六（一七〇三）年深川永代寺における出開帳であった。この時期は、成田山開帳の基盤となる講が江戸市内に形成されていて、最古のものは元禄初年の丸下講であった。『わすれのこり』の一節に、「下総国成田不動明王、深川八幡の境内にて開帳ありしが、其ころ世間物騒にて参詣すくなし、炎上火災しばしばあり、亦いたずら者ありて、軒下に寝たる非人を多く突き殺す。落首に、不動さん剣と火えんを背負い来て人を突いたり、江戸を焼いたり」といった記事があるが、要するに恐ろし気な霊力の強い不動という印象が当初あったのである、開帳は元禄から安政三年に至るまで十一回あり、ますます盛行をきわめていった。『独寝』に、「世間一統とともに芝居物見世のあき所にはやらぬこととなりて先法力より此法力を頼みけるこそ、此頃江戸の友だちよりふみしていろいろかきしたためて送りけるに、成田の不動開帳のよし、市川団十郎まかり出て取持けるよし（下略）」と記されているのは、歌舞伎の団十郎が特別の信仰を寄せたことと出開帳とが関連を持ち、いっそう群参の状況を生み出していたことがわかるのである。

成田山講

成田山講は日本橋魚市場、米屋町から深川佐賀町の米市場、木場にかけて、五講、十六講とあり、さらに浅草札差を中心に浅草十講が加わった連合組織であった。こうした講組織のあり方は、農村における講とはちがい、共同体を超越して結成されるところに特徴があり、いかにも都市社会の講の典型といえるものである。これらの講が集まって、開帳の準備、寄附金を募る母胎となった。それにはそれぞれの講から年行事とよばれる代表が三名ずつ出て本山と交渉を持ち、とりきめを行なうのである。開帳なども、信者の側から積極的に行なうよう要請していることは興味深い。こうした講と開帳の関係は、成田山講に限らず、都市社会の中にはいくつか形成されていたのである。

開帳のにぎわい

この他にも浅草寺観音の居開帳は大変人気のあるもので、江戸時代だけで二十四例あったという。京因幡薬師出開帳は延宝七（一六七九）年で、遠方京都からのわざわざの出開帳というので人気をよんだが、この頃から京・大坂などから江戸を目指して開帳することが盛んになってきたらしい。開帳に対する幕府の統制はほとんどなく、「開帳候年より三拾三年に満候はば吟味之上可御差免候」（『寺社奉行記録』二六）といっても、ほとんどの場合許されていた。開帳は安永年間以降きわめて増加している。安永七（一七七八）年に、「野島地蔵、湯島天神にて開帳あり、地蔵尊へ奉公人となれば諸願成就すとて諸状をあげ奉公人となる」（『半日閑話』巻一四）といった一種の組織化が開帳によって行なわれていることがわかる。これは、「小石川伝通院山内福聚院大黒天、夏の頃より江戸中へ講中を結んで甲子の参詣今年より始まる」という安永三年の『武江年表』の記事にも見られるように、講の形態をとり、開帳によって、諸願成就を求めようとする信仰集団として展開していた。著名な寺院すなわち信州善光寺や成田不動・身延山久遠寺などには、そうした講中の数が多く、出開帳の際には、積極的に活動して、開帳の賑やかな場を設営したのであった。次のような光景は、開帳を支える講の発展があってはじめて可能なのである。

文化四丁卯二月二十二日快晴幸手宿不動尊回向院にて開帳着講中と号する者幟を持鈴鐸杖螺貝の類凡人数千人余行列跡ハ先供大念仏ニ而六七町程つづく其跡装束の山伏数十人二行に列す其跡に黒塗に箔置たる斧をかづきたる山伏二十余人螺貝を吹く山伏八九人次厨子神宝等其跡不動院乗輿伊達道具二本打物供養の山伏大勢中にハ異形の出立もあり又壱人乗輿其人数幾千といふ事なし近来是迄賑はしき開帳の江戸入なし

（『街談文々集要』）

山伏が指導した講と開帳の様子であるが、その盛況ぶりがうかがえる。善光寺開帳なども、「一国の人狂せしがごとく参詣群参おびただし」（『半日閑話』巻一四）と熱狂的な情況であった。加えて境内興行の見世物、芝居、博奕、曲馬等の繁昌があって、都市生活の表面的な華やかさがそこに結集するのである。しかし他の一面では、昼間の雑踏をさけ、深夜、高提灯をともし念仏を唱えながら参詣したという記事もあって、特別の願かけなどをすることで、個人祈願を開帳の際に果たそうという信仰もあったことを見逃がすことはできない。平山敏治郎は開帳の中に伝統的な神出現の方式と神祭りのあり方があることを指摘しており、近世寺院が、そうした伝統的な神祭りの観念を応用しながら、開帳にしろ縁日にしろ最大限に活用していることが分かるのである。

2　境内仏と鎮守神

地蔵信仰

寺院の境内に祀られている仏菩薩で、いちばん民衆の間で人気があったのが地蔵であった。地蔵は庶民仏教の担い手といえる存在であり、寺院はこうした地蔵に人々の期待に応じられる霊験を付して流行仏にした。たとえば子安地蔵などは、不安定な成長期の子供が、ともすれば幽冥界に落ちこみやすいので、この世とあの世の境にいる地蔵がそれを救ってくれるのだと説かれ、人々は子供の成長を見守ってくれる仏菩薩として大いに信仰したのであった。子安に限らずさまざまの霊験がある。たとえば、ほうろく地蔵は、文京区駒込の大円寺にあるが、頭にほうろくをのせていて有名である。これは、享保四（一七一九）年に建立されたもので、願かけとか厄除けをするとき、素焼で割れやすいほうろくを地蔵の頭にのっけるのである。呪具としてほうろくを使う理由はよくわかっていない。割れやすいことから、容易に厄落しができるという心意によるものだろう。また、ほうろくの語が俸禄に通じて収入の多いことを願っての気持から生じたものか、ともかくほうろく地蔵は各地に見られたものである。

しばられ地蔵と身代わり地蔵

しばられ地蔵も願かけの叶う地蔵として知られていた。これは願かけする際に地蔵を縄でぎりぎりと縛り、願が叶うとそれをほどくのである。小日向茗荷谷の林泉寺にあるしばられ地蔵が有名であり、『遊歴雑記』には、「東武小石川茗荷谷林泉寺は、深光寺の地に隣る、此門外に縛られ地蔵と称する石像あり、御長凡三尺ばかり、堂は弐間四方、志願ある者は荒縄を以て彼尊像を幾重にも縛り、願かなふて後己が縛りし縄を解きて奉るとなん、常住縄にて搦める故にや、石像摺り損じて顔面もおぼろに見ゆ（下略）」とある。縛ることが自分の祈願の切実さを、地蔵に身をもって体験してもらいたいことを示す呪術なのであって、こうした直接的な呪術を実行できる気やすさを持つことが地蔵をして大いに流行させた原因となっている。

身代わり地蔵もそうした例で、地蔵が人に代わって、その苦悩を請負ってくれるという

しばられ地蔵、葛飾区水元

評判が前提となっていた。やはり駒込にある常徳寺の身代わり地蔵が知られていた。享保十一（一七二六）年の頃、この寺の住職転誉上人が重病となり、全身不随になったとき、この地蔵が夢に現われ、その苦悩を救うと告げたのである。しばらくしてそのお告げ通り住職の病気は全快したが、今まではれ上がっていた右眼が治り、その代わりに、地蔵の右眼がはれ上がっていたと伝えられる。この奇蹟が、縁起譚として、人々の間に喧伝され、そのご利益にあずからんとする人々が殺到したというわけであった。こういうケースはよく見られたのであるが、とりわけ縁起作成の上で寺院側の作為が目立っている。しかし他愛なく見える霊験でも、救いを求める信者は切実な思いであったことを見逃がすことはできない。その他流行した地蔵には、出世地蔵、引接地蔵、日限地蔵、甘酒地蔵、とうふ地蔵、塩地蔵等、それぞれ役割を与えられた地蔵がやたらに作り出されていたのである。

不動信仰

真言・天台宗の寺院に祀られる不動明王は、その奇怪で忿怒の形相が、修験者の神秘的な行法に色どられて、一般民衆にとっては畏怖の的であった。台密、東密、修験の三者がそれぞれ本尊やら持仏にして、寺院内にまつっていたから、他の諸仏と同様、現世利益の好対象ともなって、多くの信者を集めていた。江戸には目赤、目黒、目白、目黄、目青の五不動があった。駒込の南谷寺の不動は目赤不動として知られるもので、縁起によれば、伊賀国赤目山の住職満行上人、この名前は全国に修行する修験者の一般の名称でもある。この修行僧が回国の時、持仏として不動尊を持って、いろいろと霊験を示していた。江戸へ来て、千駄木の動坂に最初は庵を結んでいたが、たまたま寛永の頃、鷹狩りに来た家光の眼にとまり、今の地を賜わって一宇建立したのだと縁起は述べている。享保八（一七二三）年に、駒込土物店やら植町、新道といった近隣の講中が、手水鉢を奉納しており、かなりの人気を集めていたらしい。目白不動は真言宗新長谷寺の不動であり、その縁起では、下野足利に住む湯殿山系の行者が、回国の際に奉持していたのがこの不動尊で、たまたまこの地を歩いている時、ある感応があって、この辺りの住民の松村某とはかって、不動を安置して一宇を建立したのだという。修験定着の因由を不動尊の霊験弘布の中で説いているのであり、寺院に対する修験の関与の大きかったことが分かる。

大山不動

江戸民衆の信仰を集めていた相州大山にも大山不動があって、これが各地に勧請されていた。本郷追分にある願行寺には大山出世不動が祀られている。この寺は、同名の寺が品川にあり、開山は真蓮社諦誉東胤和尚という。近世には塔頭（たっちゅう）が九カ院あったというから規模も大きかった。文化七年に立てられた大山不動の石碑によると、願主は片町中組・下組・九軒屋舗・同所追分町中であり、職人を中心とした世話人の町人名が刻まれている。近在の職人たちが講を組織していたが、なおこの地は追分にあたり、根津・谷中・上野方面への通路に面していて、大山詣りの街道とも接していたことから、たいへん流行したようである（『文京区史』巻二、六六九―七〇頁）。

波切不動

波切不動の名もよく知られた流行神である。修験者の呪法をもって名づけたものだが、当時水をあやつる霊力は珍重されたものである。大塚仲町にある日蓮宗通玄院の波切不動には、次のような縁起がある

此本尊は始め勢州一志郡小幡村大乗寺に安置あり。然るに建長五年の春、日蓮上人伊勢路を過ぎ給ふに、霧雨にて宮川の水まさりしかば、渡り給ふ事あたはず、時に一老翁来りて云く、師川を渡らんとならば、我水を切るの術ありとて、即ち師を誘引してたやすく水上を渡しまゐらす此故に波切の称ありといふ、大士是を奇とし、翁の住所を尋ね給ふに、たゞ小幡の山寺に住するとのみいらへて、失去れり。大士それより彼

寺に至り、翁を尋られしに、知る人更になし。依て寺僧に其故を告げて、彼所を立出で給ふ。彼寺僧此事を不審におもひしが、其寺に安置の不動尊を拝するに、仏躰水に濡れ給ふ。依て大に驚き、直に明王を負ひ奉り宗祖の跡をしたひ参らせけれども、其行方をしらず、其後猶東国に赴きしが、本尊の霊示あるを以て、此大塚の辺に移し参らす。農民其塚上松樹の下に、一宇の草堂を営建して、是を安置し奉るとなり。

（『江戸名所図会』）

とある、これなども修験者が洪水を防いだり水流の勢いを鎮める呪法をよくするが、それは不動尊の霊験によるものであることを述べ、さらに回国の途次、土地に定着するに至った経過を記している。修験の定着にあたって、持仏の霊験が喧伝されることが必要だったことを、こうした類型的な縁起がもの語ってくれるのである。

こんにゃく閻魔

小石川初音町の源覚寺には閻魔堂があり、俗にこんにゃく閻魔と呼ばれていた。縁日は月の十六日である。一月十六日が初閻魔といい盆の十六日とともに薮入りで休日であった。閻魔信仰は、宝暦年間に流行りだしたが、それ以前にも、絵解き法師などが説いた地獄の恐ろしさとあいまって、ひときわ印象的な存在であった。しかし本来は閻魔天で、仏法を守護し、延寿を助ける天部の神の一つであった。

源覚寺のこんにゃく閻魔についての縁起は、一人の老婆が眼病をわずらい、閻魔に願をかけた。三七日の満願の日に像の前にひれ伏していると、つい眠気をもよおした。すると夢の中に閻魔が立ち、老婆の心に免じて、自分の眼を与えると約束した。夢から醒めると、不思議なことに老婆の眼は回復したが、逆に閻魔の右眼がつぶれていたというのである。願かけの間老婆は、こんにゃく断ちをした。こんにゃくを閻魔に供物として奉じているのは、元来これが神供だからで、一般に食べることはできないと考えられていたのである。この縁起もすこぶる類型的な内容で、よく見かける身代わり仏菩薩として閻魔が描かれている。閻魔は地獄の支配者だと説かれていたから、あの恐ろしい地獄へ落ちたくない、だからなるたけ閻魔の心証を害さぬよう日頃からよく祀っておこうという現世での心がけもあった。地獄へ落ちる途中の三途河のほとりで衣類をはぎとるという奪衣婆・三途川婆の信仰もこれに付随していて、閻魔が祀られる寺院にはかならず奪衣婆があった。

閻魔詣り

縁日の正月と盆の十六日を閻魔の斎日といっていたが、この日閻魔堂には多勢の参詣人があり、集まった人々の前で、寺院側では地獄変相図を公開するならわしであった。「本所押上真盛寺に蔵する所の閻魔庁前の図は、京師の画匠円山応挙が筆にして、飛動衆目を驚かしむ。今日本堂に掲て拝せしむ。深川法禅寺に十王の像、地獄の画幅、十六羅漢の画像等がくる。何れも松原笑月六十二歳の画なり。其外仏画あり。谷中長安寺、地獄の画幅掛る」（『東都歳事記』）といった情景が見られた。この日は薮入りでもあり、奉公人たちが両親の許に帰る休日であった。この時期は年中儀礼の中で重要な神祭りの日であったからである。閻魔の祭日が、この重要な折り目にあたっていることは注目しなければならない。この日に寺院ではあの世である地獄を視覚にうったえて人々の前に示すのである。「十六日には地獄のかまの蓋がゆるむ」といったりするのも、閻魔信仰の民衆化と関連があるのではないかと思われる。

流行仏の諸相

近世寺院の境内に祀られている神仏が、特定の霊験を付されて信仰されるのは、今まで述べてきた通り多種多様であった。これらは寺院が背景にあって、宣伝され流行するのであるが、そうではなくて今まで何の宗教的な基盤もないのに、突然流行しだす場合もこの時代にはずいぶんとあった。仏像が突如土中から発掘されて霊験を示すという場合がそれで、こんな話がある。信州坂本宿の角兵衛なる百姓が村境の樫の木の下に仏像が埋まっているので掘り出すようにと夢中に現われた出家によって告げられた。そのまま打ちすてておいたところ、十年ほど経て享和元（一八〇一）年にふたたび同じ夢があったので、村役人に語ったが、別に何もせず打ち過ごしていた。またまた享和二年にも同じ夢があったので、ついに角兵衛は掘りたい旨村役人に申し出た。樫の木の根元を四、五尺も掘ると、五寸ばかりの石像が出てきた。この像は僧形だが仏菩薩のようではなく、円光大師の像であるともいわれた。人々が参拝にくるので、角兵衛に石像を祀ることはいちおう許したが、異説を触れないようにと代官が命じたという（『耳袋』巻三）。

人の言ではやりだす

また何の由緒もない古道具屋の仏像が流行したということもあった。宝暦の頃のことだが、本郷の加賀屋敷の中間（ちゅうげん）が、古鉄店で釈迦の古仏を買い求めてきて部屋に安置し、水など手向けして信心していた。同輩たちは嘲笑していたが、部屋頭も早く店へ戻せというので詮方なく、買った店へ引き取ってくれるよう頼んだのだが、いったん商ったものを日数が経ってからは買い戻せないという。中間は、それももっともだが金はいらないのだ、という。何故かと店主がたずねると、実はこの仏を礼拝尊敬していたが、夢の中で元の所へ返すようにとうるさくいうので、元へ戻したいのだと、勝手にでっちあげて言ったらば、店主はすっかりそれを信じて、俗家に置いてはならない特別の仏菩薩だろうというので、早速引き取り、近所の菩提寺へ祀りこめた。実はこれは中間の作り話なのだが、それを知らない人々の間に弘まって、しばらくは霊験あらたかな仏像だというので参拝者がたえなかったという（『耳袋』巻三）。

こういった話が江戸ではずいぶん記録されている。神仏信仰の軽薄ぶりを示すものだが、一方では、庶民たちが絶えず救済を諸々の仏や神に求めていた証拠でもある。ということは、絶対帰依を受け入れられるような救済者の出現がなかったことを意味している。寺院やその周辺で、いわば雑踏の中での宗教的な場というものの賑々しさは流行神仏の種類を豊富にしていたが、反面その背後に横たわる救済観のむなしさをよみとることができるのである。

3　霊験の機能化と統合化

民衆の欲求に応じて

Iの2節で述べたように、民衆の神仏への願望は、共同祈願と個人祈願に分けられる。共同祈願は、集団の意志として、その利害に関わるような願望に基づくものであり、その種類は、雨乞い、日乞い、疫病送り、虫送りなどで限りがある。ところが個人祈願になると、それはまったく個人個人の欲求に応じたものだから、実に種々雑多なのである。個人の願望一つ一つに神仏が霊験あらたかに救いをもたらしてくれるという現象は、江戸の都市社会における民俗宗教の一つの特徴だといえる。都市生活における個人の存在に対する不安感があり、それは生産生活より遊離し、かつ共同体から離脱した毎日の消費生活の中に生まれた宗教意識の投影と見なすことができる。

個人祈願の内容は、先にもみたように、主として病気治しの願かけで占められている。その霊験もきわめて即物的であり、身体の具合の悪い個所を直すために、それぞれ機能分担した神仏が作られ、民衆の欲求に応えているのである。

眼病の神

その中でもっとも多かったのは、眼病であった。よく知られた眼病の神は、江戸では市谷八幡の境内に祀られていた、地主神である茶の木稲荷である。『江戸名所花暦』には、

表門鳥居の内左のかたに、茶の木稲荷と称するあり、俗説に当山に白狐あり、あやまつて茶の木にて目を突きたる故に茶を忌むといへり、此神の氏子三ケ日今以て茶をのまず、又眼をわづらふもの一七日二七日茶をたちて願ひぬれば、すみやかに験ありといふ（下略）

と記され、約一週間茶断ちして祈願すれば、眼病は平癒するといわれていた。京都には祇園町のめやみ地蔵、大坂では天満西寺町の近くに眼神の八幡というのがあり、眼を治してもらうと、御礼として土製の鳩を神前に供える風習があったという。

歯痛の神

歯痛も眼病と並んで霊験の対象となっていた。歯の神として、江戸で名高かったのは、おさんの方である。西久保かわらけ町の善長寺に祀られた霊神の一つで、寺の本堂で楊枝

を借りて、おさんの方に祈願する。歯痛が治ると、ふたたび新しい楊枝を求めてきて、おさんの方に納めるのである。おさんの方は、諸説あるが、『海録』によると、備後国福山城主水野日向守勝成の奥方珊といわれ、生涯、虫歯に苦しみ、臨終の時に誓言して、我に祈らば応験あるべしと述べたと伝える。『増訂武江年表』では、寛永十一（一六三四）年に流行しだし、「今も霊験を得るもの多しとなん」と記されるほどであった。霊神信仰というのも、江戸時代の流行神の中でも特徴的であり、人を神に祀る習俗を系譜としている（拙著『生き神信仰』昭和四五年）。この問題はすでに考えたこともあるので、ここでは除外しておきたい。ただ霊神信仰がとりわけ流行したのは、生身の人間の苦痛を共有した神霊が示す霊験は、祈願する側にとっても、いっそう効果的だという類感呪術的要素が媒介となっているといえるだろう。

戸隠の霊験

信州戸隠明神も、世に聞えた歯痛の神であった。

信州戸隠明神の奥の院は、大蛇にてましますよし、歯を煩ふ者三年梨をくふ事を断て立願すれば、はのいたみ立処に治する也、三年の後なしのみををしきにのせ、川中へ流し賽礼をなす事也、又立願の人戸隠へ参詣すれば、梨を献ずるなり、神主を頼て奉納するに、神主梨を折敷にのせ、うしろ手に捧げ跡しざりの様にして、奥の院の岩窟の前にさし置帰る、うしろをかへりみず、神主岩窟を十間もさらざるに、まさしくなしのみを喫する音きこゆと云、恐しき事也

（『譚海』一二）

とあるように、梨が神供の意味を持つゆえに、梨を断って、祈願をしたのである。とくに山岳信仰としての霊験も強かったので、歯病治しにもいっそうの効果が求められていたのであった。その他浅草奥山の三途川の老婆や、榎坂の榎にも歯病の願かけが行なわれていた。大坂では、玉造の東白山大権現、天王寺の歯神社があった。白山神社は、歯病を含んで口中の病いに効くと信じられていた。榎坂の榎の場合も、榎は神木であり、祠は白山社であったらしい。これは語呂合わせで、ハクサン（歯臭）ということから生じた流行神だという説がある。しかし白山信仰がそうした機能を持ったことについての理由はわかってはいない。

橋の霊験

頭痛または咳病治しの霊験も盛んに説かれた。江戸の京橋、日本橋、鮫ケ橋、笄橋など

の橋に願をかけるというもので、らんかんの擬宝珠に荒縄をくくり、治れば青竹の筒に茶を入れて、そこにかける。橋ぎぼしには古来より、神がやどるという信仰があった。橋のたもとには女神が祀られているというのは、橋姫伝説として知られる対象である。橋は、外から襲来する災厄を防禦する地点でもある。橋は川にかかるが、川は境であり、その境を越える唯一の地点が橋なのであり、そこを避けて境を通過できないところに橋のもつ重要さがあった。すでにI章でもふれたが、この境界を守護する神がかならずいると柳田国男は説いたのである（柳田国男「橋姫」『柳田国男集』第五巻）。橋に願をかけるというのも、橋に祀られる神に対してであり、橋に祀られる神が、外敵を防ぐ強い霊力を持つ故に、尊崇されていたわけである。さらに橋は人々の往来も多く、下を流れる川は禊ぎ祓えの力を持っている。だから祈願をして悪霊を追放するのにもってこいの場所でもあった。ただその場所がとくに頭痛と百日咳に霊験あらたかであるという理由は、よくわからない。

その他日常生活のこまごました難事の解決を祈る場合、たとえば縁結びなら番場の女夫石や、粂の平内、夫婦仲のことを祈るならお岩稲荷、京都ならお俊伝兵衛の墓、鳥羽の恋塚などが、いつとは知らぬが流行り出すといった具合だった。

稲荷の霊験

稲荷信仰は、民間信仰の中でも重要な位置を占めている。とりわけ近世での展開は、民衆生活のなかに密着していた。稲荷の種々雑多な現象を類型化して、その性格を探る作業は、かなり難しく、とくに江戸の流行神の中での位置づけについては、別稿に示してある（拙稿「江戸町人の宗教生活」『江戸町人の研究』一巻所収）。ここで注目したいのは、稲荷の持つ霊験内容が、それぞれ稲荷の名称に冠せられていることである。これによって、その傾向をつかむことができる。もっとも多いのは、福運を願うもので、願満、吉徳、吉成、出栄、開運、威徳、富増、宝録、富栄、豊徳、幸、豊倉、富丸、立身、寿、長栄、大栄、出世、富貴、福、末広、倉、永栄、福寿、福々、吉兆、延命、延寿、福徳、福聚、蓬莱、常盤、無事栄、敬福、満足、万年、などといった内容。その次に子宝を願い、子の成長を願うもので、産千代、世継、出生、子持、子安、子守、子育などがあげられる。病気治しと結びついた名称は比較的少なく、瘡守、疝気などがあげられるにすぎない。火防の方は、鎮火、鍛冶屋、火防、火除、火消、ふいごなどの名称が附せられており、江戸の火災に対応して、稲荷の霊験が語られたことを示している（春盞楼「江戸の稲荷」『江戸時代文化』一―二）。

お札の意味

霊験の機能化を具体的に示す例として、神札がある。お札といえば、社寺の神仏のそれぞれの霊験を記した木製・紙製の護符やお守りであり、それらは文字通り、護身の符であって、守護の札である。悪霊から信者を守り、除災の役割を果たしてくれる。こうしたお札の性格は、実は第二義的なもので、本来的な性格は別にあった。たとえば伊勢神宮の大麻などは、まず罪穢を祓う印としてのぬさであって、これに神官が千度の祓い、万度の祓いを行ない、神霊の霊力による祓いの力を、そこにこもらせることにより、神霊の形代としたものであった。伊勢の御師は、それを御祓箱に入れ、各地に持ち歩き、人々に崇拝させ、それに災害を除く力があると信じさせ、守札の機能を与えたのであった。形代としての神札が古い型であることは、お札に関する文献の初見と見なされる『類聚三代格』宝亀十一（七八〇）年十二月十四日の条の中に、

此来無知百姓構二合巫覡一妄崇二淫祀一芻狗之設符書之類、百方作レ恠塡二溢街路一

とあり、巫覡の徒が作った符書之類を、百姓が祀っていたことが記されている。これはお札がまだ神霊のこもる形代として認識されていた段階の扱われ方を説明したものである。

では、お札が霊験あらたかな効能をもって、護身や除災の機能を、積極的に示すようになった媒介は何であろうか。

呪物崇拝

それを宗教意識の上でみた場合、一つは呪物崇拝の意識がある。今でも見かけることだが、村から遠くへ旅立つ時、まず村の氏神社の境内の石や砂を袋に入れて身体に付けたりする。沖縄では、姉や妹を持つ男が旅立つ時、それぞれ姉や妹の髪の毛や手巾などを貰って肌につけておいたりする。また桑の木や南天・椿などで作った槌やひょうたんなどを腰にぶら下げておいたりする。これらはいずれも特別な霊力を持った呪具、呪物に対する信仰を基底に成立した習俗である。お札そのものの形式は、道教・陰陽道・仏教などの大陸文化の影響によって整えられたものであるから、それ以前はおそらく方形の紙や木以外の呪物はいろいろとあったことだろう。こうした呪物崇拝の一環に、寺社の管理するお札も関連を持つようになった。

次にはお札に対する現世利益観がある。流行神仏の霊がこもる形代としてのお札でも、現世利益に基づいた守札としての働きが付与されていないと、流行神が人々の要求に十分応えるとはいえないのである。この現象は、江戸時代に著しく集中している。

水天宮の札

現在もよく知られた流行神に水天宮がある。もと大名有馬家の屋敷神であったのが、流行を見た。有馬家に祀られていた段階では、水難除けの霊験があり、水難除けのお札が、発行されていた。ところが江戸の水天宮になると、水難よりも安産の守札を出して有名となっていた。水天宮の札は、難解な梵語風で、烏を形どったような文字の図柄である。社伝では、万治三（一六六〇）年に、諸国に洪水が起こったとき、有馬家に仕えた祝部牧志津摩が、創作したといわれる。

富士の庚申守り

富士信仰に付随した守札に、庚申守りがあった。富士講行者たちが作ったものである。図柄は、主神に木花咲耶姫命があり、左右に、瓊々杵尊と猿田彦命がいて、背後に富士山がそびえ、その裾には、六十数匹の猿が三尊を拝しているものである。富士登山は庚申縁年がもっとも盛況を示したといわれる。これは富士山が、庚申の年に開けたからだというが、早くから猿をつかわしめ（使令）とする信仰があり、山王信仰との結びつきを思わせる。天台系修験が、村山口を通して、富士信仰と結びついていたこともあって、叡山との関係から、山王＝猿＝庚申縁年が主張されるに至ったのだろうか。とくに庚申縁年に群集を集めたのは女人登拝がこの時にだけ許されるためでもあった。万延元（一八六〇）年の庚申縁年登山の時に、出された守札には、宝祚栄延、天下泰平、武運長久、五穀成就、家内安全、子孫永昌の霊験が記され、あらゆる現世利益の効能を示しているのである。

疱瘡守り

病気治しのお守りとして、普及していたのは、疱瘡守りであり、ユニークなものがあった。たとえば太宰府天満宮の近くで見られた疱瘡守り札の画影には、佐々野才蔵という武士姿が描かれている。佐々野才蔵は威勢のよい若者で、大小をさし裃を着て、富士山に日の出を書いた扇を持って、笹をかつぎ、幣束をかついだ猿をお伴につれている。この札を門口に貼っておくと、疱瘡と麻疹を防ぐと信じられていた。門口に貼る守札で、「鎮西八郎為朝の御宿」というのもあった。東京では、関東大震災以前までよく見られたそうである。豪勇の武士を絵にして、門口に貼ると、遊行の姿をとって訪れてくるといわれる疱瘡神を駆逐するという信仰に発している。このお札がどこから発行されたかは不明であるが、一説には伊豆新島の明神から出ていたといわれている（矢部善三『神札考』）。

虫除けの札

蛇除け、虫除けに霊験あらたかなお札として知られたのが「北見伊右ヱ門」の札で、これを門口に貼ったり、懐中に入れて持っていると、毒虫や蛇に咬まれないといわれた。北見は、今の世田谷区にあった村の名で、そこに住む伊右ヱ門という百姓が、まむしや毒虫によく効く薬を自家製で売り出していた。その名をとって守札としたといわれている（『嬉遊笑覧』）。

砂の守り

木や紙の札ではなく、神社や寺の境内の砂が、特別の機能を持って、お守りの意味を帯びている例も意外に多い。先に述べたように、これらは素朴な呪物崇拝によるもので、方形の守札に形式が整えられる以前の姿でもあった。京都の梅宮神社の神殿の下の砂は、これを貰い受けて、襟につけておくと安産に霊験あらたかといわれている。また以前浅草観音の本堂の縁に付着した参詣人の下足の土砂を掃き集め、ふるいにかけたのを、少量ずつ紙袋に入れたものを売っていた。この土砂を、店先に撒いておくと、人足が繁くなり、客引き商売が繁昌するという、一種の類感呪術によるものである（『神札考』六一頁）。

以上のようにお札の機能は、病気・災難・火難・盗難など、生活の順調な展開を阻害する存在を除くようにと切望する人々の祈願に基づいて、多様な相を示しているのである。

『江戸神仏願懸重宝記』から

ところで霊験の内容をもう少し吟味してみると、さまざまに機能化している霊験が、民衆意識の反映したものだという前提に立った場合、江戸時代末期になるにしたがって、微妙な変化を示していることに気づく。『江戸神仏願懸重宝記』にのった、流行神仏の霊験の内容は以下の通りである。

高尾稲荷社　頭痛の願
錐大明神　疱瘡の願
石の婆々様　小児百日咳の願
京橋の欄檻　頭痛の願
女夫石　夫婦の仲のむつまじくなる願
目黒の滝壺　小児の月代
痰仏　一切のたん
孫抄子　ほうそう

頓宮神　諸願
おさんの方　虫歯口中一切の願
鶏印の守札　怪我せざる願
日本橋の欄檻　百日咳の願
北見村伊右ヱ門　蛇よけの札
鎧の渉の河水　ほうそう
痔の神　痔の願
幸崎甚内　瘧の願

粂の平内　諸願
大木戸の鉄　脚気の願
浅草寺の仁王　ほうそう
縄地蔵　諸願
熊谷稲荷の札　とうぞく除け
松屋橋の庚申　諸願
子の聖神　腰の下の病
御帳符　諸願
日限地蔵　諸願
榎坂の榎　歯の願
三途川の老婆　口中の願
茶の木稲荷　眼病の願
王子の槍　諸願
疣地蔵　いぼの願
節分の札　難産

これらをまとめてみると、治病の霊験九、災難除け三、その他二であり、それ以外に諸願七があるのが注目される。諸願とは、民衆の祈願内容が、複数にわたっているのである。頭痛とか火難除けとかという単一の機能にとどまらないで、諸願としてまとめることにより、民衆の要望に応じたことになる。

諸願の発生

そこで諸願に応えられる神仏が発生してきたことを次のように把握できないだろうか。

現世において、民衆に救済を与える諸機能は、たとえば治病を筆頭にして、民衆の多様な生活機能に即しながら、豊富な様相を示している。こうした諸機能の統合化の上に、さまざまな霊験が収斂していくと、そこに民衆がトータルな形で期待している救世の観念が生まれてくるのではないだろうかということである。諸願をそうした文脈でとらえるならば、救済の内容が個別化していたものが、次第に統合化されてきている過程を示すものと判断されるのである。

Ⅳ　流行神の思想

1　流行神と終末観

宗教思想として

ここで問題とするのはⅠ～Ⅲ章にわたって述べてきた流行神の示す現象的側面を、民衆思想史の流れの中でとらえる時、それが一つの宗教運動として存在していないかという点である。現象的な流行神は一面からいえば、これは即時的な宗教運動と見なせるだろう。流行神を、信仰する民衆の宗教行動の高揚した段階でとらえる時、それは焦点の絞られた目標とかプログラムを持たぬことを特徴としつつも、民衆の世界観を基底とした宗教思想を展開させているといえるのである。本章では、そうした観点から、流行神を民衆の宗教思想の次元で、具体的には、民衆の持つ終末観、世直し思想、メシアニズムなどをめぐる諸問題として考察してみたいと思う。

社会不安の中から

終末観といえば、まず仏教のいう正像末の末法の世を思い浮かべる。平安時代末期に訪れた末法の世が貴族社会の厭世観を伴い阿弥陀信仰を盛行させていったことは、仏教史の上で信仰的事実として知られる。しかしこの宗教現象は、一般民衆の宗教意識とはいささか疎遠なものであって、伝統的な民俗宗教の中から抽出され得るものではなかった。いわば仏教の観念的な教理上の概念操作が末法の世という終末観を招来させたのであり、たまたま律令社会崩壊を要因として彭湃として湧き上った社会的不安が、末法観をいやが上にも高めたのである。だから民衆の宗教生活の次元で、民衆がみずからの意識構造の中に終末観を組み立てたとはいえないのである。ここではそうした民衆の宗教意識にとりわけ焦点を絞り、その表出形態である流行神の中から生ずる終末観を眺めてみたい。

ひとくちに社会不安といっても、契機となる要因はさまざまある。しかしそれが社会的な思潮として人々の生活を覆うとき、しばしば停滞的な傾向を持つ民間信仰がいちじるしい刺激を受け、社会的な影響をもたらす原動力となることが知られる。社会不安に対する民間信仰のリアクションとしてとらえられる宗教現象は、堀一郎が世界の諸民族の中で勃起した新宗教運動として位置づけているように（堀一郎「社会不安と民間信仰」『宗教研究』一九四）、普遍的な実態を示している。ただキリスト教を土壌とする西欧的世界での民衆のリアクションはしばしば政治次元の枠組の中で成長発展するのに対し、アジア世界でのそれは非政治性を特徴とするという。そのことはマックス・ウェーバーの指摘するごとく、アジアの救済論が非合理的な型を示すゆえんともなっている。たとえば千年王国が神がかり状況の中に醸成される法悦という王国であるような展開があろう（『アジア宗教の基本的性格』）。そしてそれは呪術師によるエクスターゼとオージーの体験を軸とするいわゆる呪術の園に覆われたものといわれるゆえんでもある。

世界の破局

日本の場合、呪術の園にあてはまる民間信仰を、ウェーバー流の概念枠組できってみる作業は一つの魅力である。しかし断片的かつ無統合的な民間信仰のとりわけ流行神の諸資料を統合化させる方向づけの作業はまず民俗資料が語らしめている事実から出発するのが妥当かと思われる。それらの蓄積と比較から、かりに終末観といえる意識があれば、それはいかなる構造を示すものかを推察したいのである。

この世の終わりといった情況を民衆が素朴に感得するとするなら、社会的経済的な諸条件といった間接的表現は二の次となる。徐々に身辺に迫ってくる社会不安とか社会的危機が終末観を形成させるコースではなく、突然襲いかかる世界の破局という直接的契機が終末観を現出させるのは自然の理である。そうした場合、地上の大災害といえばまず地震、津波、洪水であろう。これらのもたらすカタストロフィは、まさに現世の日常生活を転覆させるのであって、それを防ぐためにはまず何らかの予兆を期待していたのである。自然のもたらす破壊が、神の人間に対する怒りという表現をとることは、多くの民族の神話が語るところであった。鉄槌を振り下ろす神があらかじめ恩寵ともいうべき終末の予兆を人間に教えるのは、ごく限られた人間以外にはほとんどあり得えないというモチーフは多い。

物言う魚の予言

日本のフォークロアは、変災の予知を魚族の王たちが行なってくれることを語ってくれる。それはかつて柳田国男が「物言ふ魚」として指摘したことであった（『定本柳田国男集』五巻）。沖縄本島中頭郡古謝で、昔塩焼男が一匹の魚をつかまえた。その魚が魚籠の中で、「一波寄するか、二波寄するか、三波寄するか」と叫んだという。そこで男はあわててその魚を放して逃げるが、実際大津波が押し寄せ近隣残らず全滅したという。沖縄八重山には、明和の大津波という大変災があり、一村全滅という地域がいたる所に見られた。

後世の伝説では、この破局が起こる直前に霊魚が現われて予告をし、それを聞いて救われた者がいく人かいたという。石垣島の野原村では、人魚が捕えられ、それが助命を乞い、そのかわりに津波を予知したという。人魚を放して山に逃げた者は助かり、それを一笑に附した白保村は壊滅したのだという。黒島では、ピナーツサバという大きなフカで、捕えられて火あぶりにされかかっていると、海神がそれを救いにくるために津波を起こしたことになっている。ただしフカと海神とが人語を交して、わざわざ漁師に聞かせているのだから、人間に対する警告の表現ととれる（牧野清『八重山の明和大津波』昭和四三年）。『宮古島旧記』中には、物言う霊魚の予告が鮮明に描かれている。

昔伊良部島のうち下地という村ありけり。ある男、猟に出てよなまたという魚を釣る。この魚は人面魚体にして能く物言う魚となり。猟師思うようかかるめずらしきものなれば、明日いづれも参会して賞美せんとて炭をおこし、あふらかにのせて乾しける。その夜、人しずまりて後、隣家に或る童子俄に啼きをらへ、伊良部島へ行かんという。夜中なればその母いろいろこれをすかせども止らず、泣き叫ぶこといよいよ切なり。母もすべきようなく子を抱えて外へ出れば母にひしと抱きつきてうちふるふ。母も怪異の思いをなす処に遥かに声をあげて「よなまた、よなまた、何とて遅きぞ」という。

隣家に乾かされし、よなまたの曰く「吾いまあらあみの上にのせられてあぶり乾かさる事半夜に及べり、早々にサイをやりて迎えさせよ」と答う。母子は身の毛もよだって、いそぎ伊良部村にまいる。人々怪しみて何とて夜ふかく来ると問う。母しかじかと答えて、翌朝下地村に立帰りしに、村中のこらず洗いつくされて失せたり。今に至りてその村の形跡はあれ共村立はなくなりけり。かの母子はいかなる陰徳ありけるにや、かかる急難を奇特にのがれし事ぞめづらしける。

童子を通じて、よなまたの霊異が生じ、サイつまり高潮をよび起こして、一村を全滅させたのであるが、この母子だけが難を逃がれたというのである。人間でもより自然または神の世界に近いと考えられている幼童が魚族と交渉し合い、人間界の滅亡を予言するという形式をとることが注目される。

うなぎは魚族の王

日本の本土の方で、これに類する霊魚は、うなぎ、岩魚、鯰である。東北地方には、虚空蔵菩薩の使令としてうなぎを崇めていた村々が多かった。虚空蔵を祀る社の境内の池には、うなぎが放たれていることがしばしばあり、信者は決してそれを食べてはならないといわれている。そうした地域ではうなぎが人間に化けて出現するらしい。人に交わって小豆飯や団子を馳走になるという話がよく伝わっている。宮城県登米郡錦織村にあるマサボウの滝で、旅僧が二匹のうなぎを見つけ、一匹をつかまえ袋に容れて立ち去ろうとすると、淵の中から、「マサボウヤマサボウヤイツ来ルカ　マサボウヤ」という声があり、それに答えて袋の中から「来ルヤ来ズノマサボウヤ」という声があったので、僧は驚いて袋の中からうなぎを放したという(『日本昔話名彙』昭和二三年)。この昔話の主人公としてのうなぎがなぜ物を言ったのか、先の沖縄の事例にあったような災害の予知といった筋書きがここでは語られていない。しかし近世の随筆類には、旅僧に化けた大うなぎが出現し、ある種の警告を与えたことが多く記されている。たとえば藩主が川へ毒流しをして漁をしようとする前夜、旅僧が川筋の村の宿に来て、川漁を止めさせるように説く、しかし宿の主人は、もはや止める手段がなく申し訳ないとして、粟飯を旅僧に食べさせた。旅僧は残念そうに立ち去った。翌日藩主は毒流しをして、多くの魚が川面に浮上する。その中に大うなぎがあり、その腹があまりに太いので、割いてみると中に粟の飯があったので、昨夜の旅僧はこの大うなぎであったかと人々は知る。そしてその年に大地震、山崩れが起こり、川は氾濫して藩内の田は破壊され、さらに翌年には藩主も早死するという結末になる。柳田国男は、こうした話を「魚王行乞譚」としてまとめている(『定本柳田国男集』五巻)。中部山岳地帯の上流の川では、巨大な岩魚がとって代わっており、やはり同工異曲の話を展開させていた。巨大なうなぎや岩魚は、水中に潜む霊異の主であり、魚族の王ともいえる強力な存在だと人間は考えていた。それは自然に対する人間の挑戦が始まって以来、水の災いのもたらす災厄、とりわけ生命を奪うような災いが生じた時、その事件の場所近くに姿を見せた動物が、すなわち水の威力の本体だと信じられたためだろう。水の威力の本体が坊主に姿をかえて人間界に現われることは、そこに宗教者の介在があって、祖型が変化したものと推察されている。自然の破局の寸前に人間に警告を与え予言することは、一方かられえば終末から人間を救う行為である。そうした思考をはっきりさせているのはいわゆる地震鯰の予言であろう。

鯰の予言

鯰も物言う魚であった。岡山県勝田郡古吉野村の伝説に三休淵にまつわるものがある。昔三休なる者が梶並川筋で大鯰を釣り上げて、背に負って帰る途中、その鯰が大声を出し、おれは三休の家へ背をあぶりに行くのだと叫んだという。先のうなぎのマサボウヤと同じ内容である。鯰を神の使令とする信仰は、北九州に比較的多い。阿蘇山の使わしめだという伝承もある。また琵琶湖の主は大鯰で、近世にはこれが出現する時には、時候も良くなく世上に流行病がはやり、地気に異変があると土俗の間で信じられていたという（『甲子夜話』四八巻）。享保十三年に、江戸に大洪水があった時、神田上水小日向に住む鈴木十大夫なる老人が言うには、この辺りに大水が出るだろうという。しかしここは山の手の高台にあるのだから水害はあるまいというと、この老人が語るには、昔からの言い伝えで、鯰の無い国に鯰が出てくると必ず大水ありということがある。ところが昨日、家の童が小溝で五寸ばかりの鯰をすくい取ったので、もともと江戸には少ないといわれる鯰が出てきたのは、大水の出る予兆ではないかというのである。実はその通りとなって、その年の九月に雨が降りしきり、急に水嵩が増えはじめ、高さ一丈にもなり、橋は流れ堤は決壊して、人馬が多く死んだ。溺死人が品川に流れついたのが、その数一万千人、江戸に古今未曾有の災害であったと、『寓意草』に記されている。鯰の出現する様については、「一尺あまりなる鯰の水の上二三尺ばかり飛あがりたるはては飛去りぬ、あなあやしとてゐたれば、俄に山に雲おこり水に煙たちて、風もいみじう吹おちて、いとくらうなり、かぜもいみじうなり、雨もいみじうふりぬ」（『寓意草』下）といったような何かこの世の破局を予想させるような光景である。鯰のこうした霊力は、『今昔物語』巻二十に、「出雲寺別当浄覚食二父成レ鯰肉一得二現報一忽死語」の中でも語られている。内容をかいつまんでみると、出雲寺別当の浄覚の夢の中に、死んだ父である前別当が現われ、自分は仏罰のため今は三尺ほどの大鯰の身となり、この寺の瓦の下に住みついている。実は明後日の未刻に大風が起きて、この寺は崩壊する。この寺が倒れると自分も地に落ちて地面を這いまわることになる。それを見た童子が自分を打ち殺そうとするだろう。それをお前が防いで、桂河へ連れて行って放してくれ、と告げた。やがてその日が来て、午刻ごろから一天俄にかき曇り、大風が吹きはじめ木々を折り、家屋を倒しだした。村中の者が懸命に防備したが、風はいっそう強まり、ついに村中の人家、野山の草木ことごとく倒され、未刻になると出雲寺もついに崩壊した。桂が折れ棟が崩れると、その裏板の中に、永年雨水がたまった個所があり、多くの魚がいたが、それが一度に庭に落ちた。近所の者たちは大勢押しかけ桶でかき出したが、中から三尺ばかりの大鯰がはい出てきたのである。しかし浄覚は、夢の告げを気にもせず、頭を杖で押え、草刈り鎌で鯰をかき切って、他の魚と一緒に、家に持ち帰ってきて、妻の止めるのも聞かず、美味しい肉だとばかりに食べてしまう。すると大きな骨が浄覚の喉に突き刺さり、浄覚は死んでしまった、という筋書きである。ここには(1)鯰が変災を予知して、人に知らせる、(2)鯰は魚の王の如き存在で、人間に化けて、人語をかたる、(3)鯰に化けた父を子が殺して食べる、といった要素を軸にしている。仏教的色彩を加えた教訓めいた結末となっているが、中心は(1)であり、(2)が加わった。さらに一見父殺しを表現する(3)の要素は、話の異常性を盛り上げるための二次的脚色ではないかと想像される。

地震鯰の信仰

江戸の俗信仰として流行した地震鯰は、右のような鯰の異常な力を系譜とする。頼山陽の詩に、「大魚坤軸を負ふ、神有り其首を按ず、稍怠れば則ち掀動す（下略）」とある。これは、鯰と鹿島神の関係をいったもので、大地の軸を鯰が背負い、その首を鹿島神が要石で押えつけているという信仰は、鹿島信仰が民衆の間に浸透していった近世初頭以来流行しはじめたのである。要石は、古い神社にはよくある祭神の影向石、あるいは御座石で、要するに一種の依代である。「揺ぐとも、揺ぐとも、よもや抜けじの要石、鹿島の神のあらん限りは」という口碑の成立は、明らかに江戸であるが、要石で地震を押えるという意識がなぜ鹿島に起こったのかは十分に説明できない。大変災による不可抗力なカタストロフィを招来するものが、それを予知する鯰であると同時に、鯰そのものだと信じられているのである。弘化三年の信州大地震の後日に、風怪状と称する戯文が、しきりにもてはやされた。以下それを記すと、まず「大鯰事地震」として、

其方儀、往古より鰻屋共見世先にて横行致候に付、蒲焼にも可㆓申付㆒候所、格別之憐愍を以鹿島常陸神配下に申付、地震蟄居可㆓罷在㆒候処、先年洛中之地震を始、近年度々致㆓地震㆒、殊に去月二十四日夜、信州越後を及㆓乱妨㆒、松代飯山両城をゆり潰し、

大地を動し高山を震崩し、大河之流を留め土中より泥水を吹出し、剰人馬多く為レ致ニ死失一、一郡不レ残亡所に相成候義も有レ之、全く泥海に可レ致心底重々不屈に付、向後改而常陸神へ御預、奈落へ蟄居申付候

と半ば揶揄した調子で書かれている。ここで注意したいことは、地軸を背負う鯰が暴れだすと、大地・高山が崩れ落ちて、土中より泥砂を吹き出し、泥海に帰してしまうという、いわばこの世の終わりを描写していることである。大地震や大津波の記事を当時、「末代噺」と表現しているのは、大地震による現世の終末を意識した上のことであろうか。

泥海と終末

泥海を予想させる災害の一つは大洪水であるが、この大洪水にまつわる興味深い伝説がある。岐阜県や愛知県にまたがって流れる木曾川の上流域で聞かれる「やろか水」伝説である。長雨が続いている時、木曾川の上流から「やろかやろか」という声がする。村人は誰の声かわからないまま、「いこさばいこせ」というと、しばらくして増水してあっという間に大洪水となったというのである。この話は岐阜県加茂郡太田町であるが（『郷土研究』四）、さらに下流の愛知県犬山では、貞享四年八月二十六日のこと、長雨が降り続き、

木曾川の水は増加していった。ろか」と大声に呼ぶ者がある。村人たちは用心していたが、深夜対岸の淵から「やろかやろか」と大声に呼ぶ者がある。村人は不思議に思い呆然としていたが、一人の男がその声につられて「いこさばいこせ」と叫んだ。そのとたん流れは急増して大洪水となったというのである。犬山から東南へ三里離れた池野の入鹿池の堤が明治元年に決壊した時も、やはり「やろかやろか」の声があったという（『郷土研究』四）。「やろかやろか」の声は、水の霊物が人間に語りかける言葉であり、やがて襲いかかる破局の予告でもある。

白髭水の伝説

この「やろか水」と並ぶ洪水伝説に、「白髪水（しらが）」または「白髭水（しらひげ）」の伝説がある。北上川に伝わる白髭水については、次のような内容である。昔北上川に大洪水があった。そのおり水が逆流して陸中東磐井郡の松川村は一面の泥海に化してしまった。里人某は、その夜水中より自分を呼ぶ声を聞く。見ると大きな仏像が流れ来て、お前の正直なことを知ったので、お前に頼るのだと言うので、堂を建てて安置したのであった。この洪水を白髭水というのは仏像のあごのあたりが冬のこととて、凍って白髭のようになっていたからだという（『郷土研究』二）。これは水中から呼ぶ声の主が流れつく仏像で、作為が目立つ内容となっている。

菅江真澄が寛政十年に、青森周辺を歩きまわっていた時、採集した話に、青森の港の西方に太郎次郎が館という所があり、兄弟が住んでいたらしいが、その柵は自髭水に押し流されてしまったと伝えている。その白髭水というのは、昔八握もある白髭をたらした老翁が幣を振りながら、大津波が寄せてくる、山から水が湧いてくる、多数の人々が死滅するだろうと触れて歩きまわる時があり、やがてその通り、大洪水が起こって、人々は滅び、山も山津波で海のように化してしまうというものだといわれている（『栖家の山』）。ここに登場する白髭の老人はあたかも終末から人々を救う予言者的存在を示している。新潟県古志郡東谷村での話では、昔大洪水のとき、白髪の老人が現われ、夜明けに村人に大声で、水が出るから早く逃げよと知らせた。この老人の言葉を信じ逃げた者は助かり、信じなかった者は多く死んだという（『日本伝説名彙』水の部）。延宝八年七月の信濃川の大洪水の際にも、その前日白髪の老人が出現した。川上の方から、「大水出づ用意せよ」と飛ぶように水面を歩み、下っていったという（中山太郎『日本民俗学辞典』）。白髪か白髭かいずれも老人のシンボリックな表現であるが、異常な霊力の持主が大洪水の直前に出現して、人々に予告する。これは魚族の王またはその擬人化した存在というより、人神的な面影を示しているだろう。文献の上では、十五、六世紀ごろから、大洪水をして白髭または白髪水と称しはじめている。最近では、南会津の檜枝岐で、明治年間に起こった大洪水をやはり白髭水と称していた。洪水の最中、川上の方から巨大なボコテイ（風に吹き倒された大木）に乗った白髭の老翁が、手に鉄の斧を持って、橋を打ち落して行ったという（『旅と伝説』一一）。

大洪水は山津波・川津波を起こし、この世を泥海にしてしまう。自然界の破局であり、終末を予測させる光景となる。そうした終末を予言する白髪、自髭の老人とはいったい何者なのか素姓はすべて不明である。むしろ諸事例から判断すれば、終末の危機感の中に生まれた共同幻覚の一種であろうか。民衆の終末に対する潜在的な感覚が幻想を生んだのだろうか。そこにはあくまで幻想的な世界観が形成されている故に、一般に終末に際してある種の必然性をもって現われる救世主的な存在はきわめて非実在的な形をとっているといわねばなるまい。

天理教と泥海

天理教の開祖中山みきの「おふでさき」には、泥海で象徴される世界観が秘められていて注目される。

このもとにどろうみなかにうをとみと

それひきだしてふう〳〵はちめた
このよふの元はじまりハとろのうみ
そのなかよりもどぢょばかりや

天理教の考える原初的な世界は泥海であり、そこにうをとみがおり、それが引き出され夫婦が始められた。そもそもこの世の原初は泥海であり、どじょうばかりが泳いでいたが、そこにうをとみとが混っていて、よく見ると人間の顔をしている。これらがやがて人間創造につながって行くというものであって、天理教の世界観の基本構造をなすものといえる。ここでいう泥海は終末でなく原初であり、そこから世界の立直しが開始する。世界のはじまりと終わりは宗教意識の中において同一の情況を呈するのである。

土左ヱ門に君はなるへし千代よろず
万代すきて泥の海にて

（『耳袋』巻五）

この何の変哲もない狂歌は、たまたま江戸の市井で作られたもので作者不明である。だがはるか末世に泥海の訪れることをほのめかす終末観がうかがえるだろう。

凶兆に脅える

終末観という点にこだわらなくても、民衆は一般に社会不安に敏感であった。順調な世の展開は、いつも思うにまかせず、今まで述べてきたような突然の自然界の破壊とまではいかなくても、凶作の世が連続することが絶えずあった。そこでつねに何かの兆しを求めた。農耕儀礼における年占などはその典型的な例であるが、民衆意識の中に多少流行的要素をもって、予兆が奇蹟となって現われると感じられていた。たとえば『増訂武江年表』によると、文化元（一八〇四）年二月に空に白き旗雲が現われ、また天光あるいは光物が空中を飛来したといわれる。つづいて文化三、四、十、十四の各年、文政三年、六年にも同様な予兆があったと記されている。文政七（一八二四）年には、牛のごとき怪獣が二匹、空中を飛行したといわれる。狐の嫁入りの狐火などが、野火などの錯覚から共同幻覚となって現われたように、それらの奇異は、やはり何かの前兆として受け取られたのである。これらはしかも奇瑞としてではなく、凶兆と考えたところに、当時の社会不安の反映があった。文化八年に長崎で天から豆が降り、丹波、備後国では竹に実がみのったという。こうした例は寛政期にもあり、世にいう竹の実異変と同様に、それから二、三年経ずして、かならず凶作が訪れたのであった。文化九年には、豊前国中津に大小豆が降り、夜傘をさしていると、ハラハラと音がしたという。それを経験した人々は、実はその翌年は豊作だったのだが、来年あたりは凶作にならないかと心配したことである。天から異物が落下するということは、明らかに一つの奇蹟であるが、それなりに呪術的意味を持つ。甘露が降ることを期待して、いつかは甘露が大地に降り、甘露台をあふれさせ、天理王命の世が来ると信じた天理教にも未来へ連なる予兆があるし、お蔭参りやエエジャナイカなども、その激しい宗教行為の生ずる直前に、天から異物とりわけお札の類が落下してきたことをきっかけとするなど、注目すべきものがある。

辰の年の災難

そういった不安を前提に災難が来ることを人々は極端に恐れ、しきりに免れようとしたのである。災難の年を干支で推定する思想も盛んで、江戸を中心に、それはずいぶん信仰されたものである。江戸で三河万歳が、「みろく十年辰の年、諸神のたてたる御やかた」と年頭にあたって、家々を巡るときに唱え歩く言葉は当時しきりと注目されたらしい。辰の年は干支で数えて十二年ごとにやってくるのだが、とりわけこの年に良からぬことが起こるという予感があったようである。庚辰の年は災難の年だとはっきりしていて、江戸では寛永十七年、元禄十三年、宝暦十年、文政三年がその年にあたっている。その年になったならば、庚辰の月庚辰の日の辰の刻に、水を汲んでこれを飲めば、災難から逃れることができ、幸運も招けるのだと、松浦静山は記している（『甲子夜話』巻六三）。太田南畝なども、文政三年三月二十四日は庚辰の年庚辰の月庚辰の日という稀有の日だから、これ世俗にいう「みろく十年辰の年」に該当するので、この辰の刻に星祭りをすれば、すべての願い事が叶うし、すべての厄難からも逃れることができると信じられていたことを採録している（『一話一言』巻四八）。この習俗には明らかに陰陽師の関与がみられるのであって、その由緒は安倍晴明の著作といわれる『簠簋（ほき）内伝』にあるといわれている。万歳師は土御門の支配下にいたので、そうした辰の年の災難を説き、それを逃れることのできる呪法をあわせ示していたのであった。亀岡宗山の『後見草』には宝暦十年の辰の年について、次のように述べる。

宝暦九（一七五九）年の夏のころより、誰いひ出せるといふこともなく、来る年は十年の辰の年なり、三河万歳のうたへる、みろく十年辰の年にあたれり、此年は災難多かるべし、此難をのがれんには、正月のことぶきをなすにしくことなしと申ふらしたり、是によりて、雑煮を祝ひ、蓬萊をかざり、都鄙一同の事とはなりぬ

辰の年は災難の多い年で、このことは三河万歳がうたいつつ、警告している年である。

そこでなんとか災難を避けねばならないというので、いわゆる取越正月を行なっていた。取越正月というのは流行正月ともいって、年内に二度三度、正月儀礼をくり返すことにより、その年の厄難を除去しようという呪術であるが、その基底には、世直し的意識を感じさせるものがある。

巳の年の災難

みろく十年辰の年といった場合、やがて来る不安感を前提とする終末が予想されよう。ところが本年はみろくの年なりと明言してしまう年が江戸時代にはあった。みろく十年と間を置かず、いきなりみろくの年だというのは、月に巳の日が三度ある年で、これは巳の年でもある。巳の年はみろくの年なりという信仰があるわけである。たとえば文化十一(一八一四)年は、たまたま六月に三回にわたる巳の日があり、これぞ巳六の年だとされた。そして「わつらひ有れは逃れなき年」(『万ふしきの事控覚帳』)といわれ、前記辰の年と同様に、取越正月がなされたという。災難が多く、しかも災難からはなかなか逃れられない年だと認識される年が巳の年なのであり、ここにも辰の年同様、終末観が潜むものと思われる。

飢饉の年

実際、巳の年は飢饉の年だという信仰があり、その現実があった。東北地方には、その信仰はきわめて強く、『永禄日記』によると、元文二（一七三七）年は、飢饉の年であったことから、「是迄去ル享保十巳年ニハ日損凶作、正徳三巳年ニハ大水ニ而不作、元禄十四巳年ニハ八月九月之大水ニ而不作、物のためしも有之候」と記され、相次ぐ巳年が即飢饉に連なる凶作の年だといっている。凶作のあった寛延二（一七四九）年、天明五（一七八五）年、天保四（一八三三）年などはそれぞれ巳年にあてはまることが、巳年＝飢饉の年の信仰に拍車をかけている。能田多代子も、往時を振り返って、「巳の年の大飢饉は明治二年だという。此年は春が遅く寒さの為に苗代田に厚い氷が張って苗が育たなかった。そんな年だから田作はもちろんのこと畑作までも収穫が皆無で、農民達の惨状は目もあてられぬ有様であった。東北は今も昔も、此冷害の為に如何程苦しめられているのか、思えば傷ましい極みである」（『能田多代子著作集』一六六頁）と述べているが、そうした悲惨な状況の到来する現実の年が、すなわち巳の年であり、それがみろくの年にあたると考えられている。

巳の年の終末

青森県八戸に住む松橋治三郎は、『天明卯辰簗』を著わし、とくに飢饉の年に触れている。

寛延二巳年、巳午の者飢饉

午の年七月鹿嶋大明神勧請あり、午の秋より未申酉戌之年迄、打続無類極上之豊作也

（中略）

奥に天明三癸卯年の大凶啻実に言語同断の事也（中略）

此時の国中の在様、神代の往古は知らす、人王に至て如斯の大変亦可有事共不被思、寔に五十六億七千万歳此時成歟と怪まれる。

すなわち天明三年は干支の巳年ではなかったが、飢饉の年のきわまった年であった。この時に際し、五十六億七千万歳すなわち、ミロク出世の年であるように感じとっていることは注目される。飢饉の年はみろくの年で巳の年だと連鎖反応的に意識しているのは、そこに終末の到来、つまり民衆の日常生活の危機を強く肌で感じていることから生じたものである。辰の年を含め、巳の年などが世俗の流行現象として印象づけられている背後には

日本民衆の潜在的な終末観が存在することを指摘しておきたい。

2 流行神と世直し

常世神と志多羅神

流行神現象は、新たなる神仏信仰に結集する民衆の即時的宗教運動としてとらえることができる。近世以前の流行神のダイナミックな側面に焦点を与えてみた場合、まずわれわれは、古代の皇極期に、当時のさまざまな社会緊張を背景に生じた富士川の辺りに発する常世神を想起する。皇極三年七月に、常世神信仰が世にクローズアップされたが、その前年あたりから、国内の巫覡等が、しきりに動き出し神託のあることを告げていたという。古老たちは、これを「移風之兆（かわらんときのきざし）」と受け取っていた。そうした前兆に便乗した形で、富士川の辺りに住む地方豪族の一人大生部多が、虫を神に祀って、常世神を称したというのである。その細かな実態は不明であるが、従来の神格とは異質のもので、一時的な流行神に成長したようである。とくに富と寿とを与える常世へと信者を誘っていた。信者たちは、「常世の虫をとりて清座に置きて歌ひ舞ひて、福を祈り、珍財を棄捨てて都て益る所なくて、損買極めて甚し」（『日本書紀』巻二四）といったようにすべてを忘れ、陶酔する熱狂的な状況におち入っていたことがわかる。そしてその霊験の高かったこと、信者層が拡大していくことは、政府にとってみれば、邪教の類であり、とくに仏教信者である秦河勝の手で弾圧され、やがて抹消されてしまう。しかしこの即時的な流行神は、明らかに、大化改新の変革期直前に生じていることは注目されるだろう。同様なことは、天慶九年に起こった天慶の乱の直前に、京を混乱に巻きこんだ志多羅神入京の一件があげられる。天慶八年に、突然であるが、八幡神の変形と思われる、正体不明の志多羅神が、熱狂的な民衆の歓呼に迎えられた。今の兵庫あたりの浜にたどり着いた志多羅神の霊験あらたかな福徳を求めて、信者たちが群をなして京へ向かって、乱舞して行くのであった。

福徳神

応徳二（一〇八五）年の段階も、その翌年に後三年の役が起こっており、貴族社会自体が崩壊に向かう時期であった。この時京に、やはり熱狂的な福徳神信仰が起こった。『百練抄』応徳二年七月の条に、「自朔日東西二京諸条、毎辻造立宝倉鳥居打額、其銘福徳神、或長福神、或白朱社云々、洛中上下群集盃酌無算可破却之由被仰検非違使為淫祀有格制之故也」と記されている。すなわち京の辻ごとに、得体の知れぬ神祠が建てられており、鳥居まで作られ、その額には福徳神、長福神、白朱社と銘うたれていた。この流行神の祠に、群集が蝟集する有様なので、ついに検非違使が破却を命ずるまでになったというのである。それから五、六年経て、今度は田楽が大流行するというのも暗示的であって、流行神の生成とそれに伴った熱狂的な踊りの歴史的系譜は、興味深いものがある。

鍬神信仰

江戸時代初頭に、中部・東海地方に頻発した鍬神信仰もその一例である。鍬神とは伊勢神宮の御師たちが、神宮の神田の種下しに使った鍬と称する桑の枝で作った鍬形のご神体を祀りながら、それを村から村へ送りつつ、それにつきそった形で、民衆が踊って歩くのである。いわば、農作の豊熟を祈ってのオルギッシュダンスといえよう。後に触れる近世伊勢信仰に包摂されるお蔭踊りの構造と類似するものがあった。

流行踊り

江戸という地域社会に限定した場合、そこに数次にわたって断続的に流行した踊りに注目してみたい。まず江戸時代初期の寛永十年代に、これが集中している。いわば幕藩体制の基礎が十分に固まっていない段階であって、たとえば寛永十四年十月には、島原の乱が起こり、耳目をそばだてている。この前後に「江戸町々踊流行」（『増訂武江年表』巻二）という状況があり、寛永十五年の夏には、お蔭参りと称される伊勢への群参が生じていた。ただしこの実態についての史料が十分でなく、伊勢踊りからお蔭踊り→伊勢参りのコースをとったものかはわからない。またこの頃、泡斎念仏が盛んとなった。『増訂武江年表』には、泡斎を名乗る狂僧が町小路をはしりまわり、童たちが集まってはやし立てたとある。この踊る異形を真似て、葛西の百姓たちが、江戸大路を徘徊した、その様は物に狂うがごとくであったという。

筠庭云、世事談ほうさいの説然るべし。但しほうさいは寛永以前よりいへる事なり。考へあれども記しがたし、無声云、ほうさいは慶長以前よりありて狂僧にあらず、ほうさい念仏絵詞（寛永頃のもの）に昔常陸国に貴き僧一人おはしける、其名をばほうさい坊とぞ申ける、我住む寺破損しければ、弟子あまた引つれ、太鼓かねの拍子をそろへ、踊念仏をくはだて、繁昌の所へ踊り出で、一銭半銭のくわんじんを得て、堂塔伽藍を建立し給ふかや、されば末代にいたってほうさい念仏と名付け、太鼓かねをたたきて面白くおどり云々とあるにて知るべし
（『増訂武江年表』巻二）

とあるように、それは念仏踊りを原型としている。遊行聖の系譜を引く念仏坊主が、勧進のための人集めに身振りおかしく踊ったとあるが、寛永の頃にも、気狂いのごとく踊っていることが報告されている。しかも、宗教者がリードする踊りというよりは、葛西の百姓が、踊りつつ江戸の大路を練り歩いているのである(『近世風俗志』第六)。

掛け踊り

かつて柳田国男は、わけがわからないまま突然踊り出す、俄(にわか)踊りに注目していた。俄踊りは掛け踊りという形で、どんどん広まっていく。『還魂紙料』の中から引用した記事に「永禄十(一五六七)年七月、駿河国に風流の踊はやり、諸人之をもてあそび、八幡村より踊初、村々へをどりを懸、それを又かへす故に、後には踊数多ところになり、八月末九月まで踊る」とあることから、掛け踊りの流行現象の方式が指摘されていて興味深い(『定本柳田国男集』第七巻)。永禄十年の前後は、信長による天下統一事業がいまだ成らず、駿河国あたりの世相は混沌としていたことが察せられる。中世末から近世初頭にかけて伊勢踊りにみる掛け踊り方式にも共通するのであって、ほうさい念仏踊りも、一時的に熱狂する群集を巻き込んだのであった。

慶安四(一六五一)年に江戸市中を脅かした由井正雪の乱が起こる前年、やはり江戸からのお蔭参りと称する群参が特記されている。とくに江戸を中心としていることは注目されることであった。

巳の年踊り

近世初期から中期にかけて、幕藩体制がもっとも安定した時期とみられる寛文~元禄には、流行神、流行踊りの現象はほとんど見られていない。ただ延宝五年巳年の巳の年踊りが注目される。延宝五（一六七七）年、「七月中旬より、江戸中町々踊はじまり、美麗を尽すゆへ御制禁あり、紫の一本に、延宝巳の年いせ踊りはやり、老少踊るよしいへり」（『増訂武江年表』）とあって、伊勢踊りとの関連が述べられている。これは別に豊作踊りと称されたほどであったから、社会不安へのリアクションという形態ではない。巳の年踊りと称して、巳の年にこの踊りがなされたということは、前節で指摘したことでもあるが、辰の年あるいは巳の年に寄せた民衆の世直し的意識との関連があろう。つまり巳の年をミロクの年と想像することが潜在的にあるとするなら、この時期の踊りは豊作の世を迎える歓喜の乱舞であったといえる。これは後の天保十年の豊年踊り、世直し踊りに通ずるものだろう。

予兆と踊り

元禄六（一六九三）年は、大旱魃であり、江戸の三囲稲荷に雨乞いなど行なわれたが、この年の夏、「馬の物を云て世上に疫病流行る事を告たるよしの妖言、一般の噂となりて、これを除く薬法の書物を梓行せしが、やがて此妖言を言ふらせし者どもを刑せられしと聞えし」（『増訂武江年表』巻三）という事件があった。疫病の恐ろしさは、社会不安の大きな原因であって、これを疫病神に見立て、地域外へ追放するのが、掛け踊りの本意だったといえる。寛永の頃に流行した鹿島踊りなどは、はっきりと疫癘の流行した時に、これを除くことを目的として踊られた。元禄六年の記事では、疫病が流行するという噂が旱魃続きのなかであり、それで社会的不安が高まったと思われるが、爆発的な踊りの現象まで生ずるに至らなかったらしい。実は、雨乞いの祈願によって雨もかなり降ったことも、人心を安堵させる要因ともなったらしい。

大杉明神

享保十年代ごろから、幕藩体制に弛緩の兆が見えはじめてきている。最初の暴動である江戸の打ちこわしが享保十八（一七三三）年に起こったのだが、それ以前四〜五年間は、天災と凶作が相次いでおり、享保十三、十五年には、関東に未曾有の大洪水があった。前

鹿島踊り、神奈川県小田原市根府川

述のように江戸の大出水の折に、江戸に鯰が出現したというのである。そうした大変革の前年の享保十二年は、三月朔日夜半に、光り物が、東から西へ飛び、雷の如く鳴ったという。これは何かの予兆と考えられたのであった。案の定、この年六月、常陸国から大杉大明神が江戸へ飛来してきて、大変な狂乱状態となった。『月堂見聞集』に、

亀井戸天神社より三四町東、香取明神之社有レ之、此対の森へ当閏正月比より、光物有より申触し候処に、先月五月二十九日に俄に震動し、神木の松の木、大なる枝折れ申候、其松の木の枝に白き御幣有レ之、然る処に誰いふとも無レ之、是は常陸国安馬大杉大明神、当社へ御飛被レ成候と取沙汰仕、夫より参詣初り、当月に入候て流行出し、江戸中は不レ及レ申、近在迄利生あると申、江戸中一町々々より、二反幟三反幟、五反七反幟或は大杉青木の神木の大木、大鳥居、大錫杖、或は大材木にて鉄棒抔拵候、太刀を屋台にかむり、神田明神祭同前に練り渡り候故、両国橋より東は群集仕候事、前代未聞之事に候、右之作り物を地車や牛車にて参、両国橋の上をば人かつぎ候て通り申、又は大船にのり、笛太鼓の鳴物にて拍子立、川も岡も夥敷事にて御座候、右大杉明神の事は、常陸坊海尊をいわひこめ申候由也、常陸より隣国へ、往古より所々へ御飛被レ成候由、去年も上総国久留里の辺へも御飛被レ成候由、夫故先年より踊歌御座候、

安葉大杉大明神、悪魔払ふて世がよいさ、よいさ〳〵此度は笠ほど屋台を拵へ、出ぬ町は恥の様に仕候、故にいか様町々の潤にも成り申候、依レ之商売事も在レ之候由、又は牛込高田馬場之先き禅寺在レ之候、明神御飛被レ成候由申、是も夥敷参詣在レ之候、但し是はいまだ参詣計にて、奉納物は無レ之候、已上

と記されている、踊りによる熱狂的な民衆の宗教行動が一時的にでも形成されていたことがよくわかる。これは前出のうちの空中飛来型の流行神であった。飛び神明などから伊勢へのお蔭参りの群参がはじまった場合と類似している。白い御幣が天から降ったことを契機に、いっせいに江戸の市中から幟を立て、屋台もきらびやかにしつらえて参詣する。その道中は、笛太鼓、拍子を打って踊るようである。その踊歌も「悪魔払ふて、世がよいさ」といったものであり潜在的世直し意識をふくめているといえよう。大杉明神は、利根川沿岸に信仰圏を持つ神で、現在も疫病除け、作物の病虫害を防ぐといった、悪霊払いが基調である。すでに宝永年間に、近在から江戸にかけて、いくつかの不思議があって、流行神化としていたのが、享保十二年に突然的に流行しかも江戸市中にあっという間に広まったのであった。ほどなく幕府の弾圧にあい、おまけにこの運動の仕掛けが神主によってなされたとして、神主は入牢させられる破目となった。この即時的な流行神は、直接的な

社会事件とつながるものではなかったが、それから四、五年後に襲ってくる一連の社会緊張の前景の位置にあるといえる。

大杉明神の拡大

この大杉明神の流行現象は、常陸下総の辺りでは、享保十年の巳の年よりはじまっていた。『撰要永久録』によると、まず香取郡四っ谷という所で、巳の年二月秋葉権現、金比羅権現と大杉明神の三社が祀られ、それが村送りになって広まっていった。その媒介となったのは、常陸国潮来村に出入りする自定という道心者で、この者は、「不動を負罷越秋葉金比羅大杉三社之悪病之祈禱一七日化念仏を申、其後神子を頼神託を請候得者近郷石尾七兵衛、逸見源八、西尾甚之助、小栗又市、土屋治右ヱ門、分郷下総国香取郡堀内村え移し候様にと神託に付両村相談之上杉之葉に而壱尺四寸之祠を拵右道心者自定共に堀内村より同国同郡朝夷百助、本間五郎右ヱ門、分郷飯笹村迄送り遣し同国同郡山口主膳知行小池村之送り候処道心者附来候はゞ祠請取間敷由申に付飯笹村より道心者は帰候由に御座候、是迄は三社と唱候得共小池村よりは大杉明神と計唱候由、夫より段々送り（下略）」とあるように、村人の有力者を巧みにとり込んで大杉明神の村送りを演出したのである。自定は不動信仰を背景とした修験系の行者らしいが、最初三社を祀る祠をこしらえて悪病除けの祈禱を行ないつつ、人々を集め、その後、神子（巫女）に神託させて、村送りを行なった。そしてこれが神意であることを、一般民衆に知らしめているのである。要するに流行病を厄病神に見立てて、村から追放するという悪霊祓いを基底に成り立っているものである。村送りは踊りながら悪霊を払う掛け踊りの方式をとっていることが推察される。まず巳の年に、この大杉明神が、関東農村に広がりはじめ、しだいに信者を集めて行き、やがて三年後には、江戸に進出するに至ったというコースなのである。

流行神としての稲荷

江戸に稲荷信仰がきわめて盛んであったことは、先にも触れたとおりである。二月初午を縁日としたのは、諸国の稲荷を統轄した京都伏見稲荷や豊川稲荷によるところが大きかったが、その時日の設定される前提には、その時期が農耕生活の一つの折り目にあたっていたことも明らかであった。すなわちこの時期は農作業開始にあたり、田の神を迎え祀る重要な祭りが基本にあったのである。柳田国男が説くように、稲荷は基本的には田の神であり、田の畦ちかくに塚を築いて祀られたり、田の際に社を建てて祀るのが、ごく自然であったようだ。一方には動物崇拝の一環として、人間社会の近くに徘徊する狐が、霊獣視されていた。狐は田圃の近くまでやって来て、人々に示唆的な動作をとったことから、田の神すなわち稲荷の神使と見なされるに至ったというのである。

関西よりも関東、とりわけ江戸を中心として近世には、稲荷がきわめて盛んであった。以上のような農業神的性格の稲荷は、もちろん江戸という消費生活中心の都市社会において、存在意味を失ってしまっているが、別の信仰的意味が、従来の信仰要素と習合して、新しい展開を示したのである。簡単にいえば、それは流行神としての稲荷の性格であった。『東都歳時記』には、二月初午に限らず毎月午の日に、江戸の住民たちが、近くの稲荷社に詣でるとしている。これは天保九（一八三八）年に作られた書物だから、近世中期以後の情況をよく示している。江戸でとりわけ参詣人を集めた稲荷としては王子、真崎、三囲、妻恋、市谷茶木稲荷、浅草田圃太郎稲荷、赤坂大岡侯御下屋敷豊川稲荷などをあげ、「其外江戸は稲荷の社夥しく、記すに遑あらず」と記している。『東都歳時記』二月初午の条には、当時流行神化した稲荷社四十四社が記されている。

正一位塀の上まで顔を出し

といった各家の屋敷神としての稲荷や、

江戸見坂千里一目に午祭り
初午やほこりにかすむ通り筋

などの句には、当時の稲荷祭の盛況をよみとることができるだろう。

太郎稲荷

さまざまな稲荷社の中で、とりわけ流行神として、世上に注目されたのは、浅草田圃立花侯下屋敷に鎮座する太郎稲荷であった。太郎稲荷は、享和三年に流行し、文化、天保、慶応二年と幕末にかけて、しきりに人々の群参を集めたのである。

今年二月中旬より、浅草田圃立花侯御下藩鎮守、太郎稲荷社利生あらたなるよしにて江戸幷近在の老若参詣群集する事夥しく（余り群衆しける故、後には朔日、十五日二十八日の午の日開門也）翌文化元年にいたり、弥繁昌し奉納物山の如く、道路には酒肆茶店を列ねて賑ひしが、一二年にして自然に止みたり（下略）

（『増訂武江年表』）

とある。『耽奇漫録』の著者山崎美成も、七歳の頃父や祖母に連れられて、太郎稲荷に参詣したと述べている。太郎稲荷参詣印鑑などわざわざ所持されたくらいだからその盛況おして知るべきである。その由来は、そもそもが、立花侯の在所、筑後国大和郡柳川領小川庄武井組立山村に鎮座していたのだという。はじめ次郎稲荷といっていたが、託宣があって太郎稲荷と改称し、霊験あらたかなので、立花家代々の守護神となったのであった。これが江戸時代浅草の下屋敷の一隅に祀られたのであるが、どういう理由によってか、即時的に信者を集めていたのである。

その流行の仕方は、すこぶる典型的で、享和から文化初年にかけて、いっせいに流行するが、四、五年たつと、火の消えたようになった。

筠庭云、二月頃墓参のついでに行ってみるに、いまだ淋しく、唯一人二人参詣なりしが、屋敷門前に山伏やうのものもらひ居て念じ奉る太郎稲荷大明神何とやら唱へたる、いとをかしく思ひたり、社頭はさせる事なき小さき山ほこらにて、いづこの背戸の稲荷にも、かばかりなるはあまり寂莫たる有様なりしが、其後いよ〳〵はやるにつけて、もとの祠を隠居様とし、太郎いなりは別に社をたつ、もとの祠も建直せしが、いとよく荘ごんしたり、其時は新堀端本願寺の横手囲ひ込にならざれば、彼稲荷へさして行に、菊屋ばし両方の堀端通行なりしかば、茶みせ食物店立つらね、供物の白餅そなへ

は火を打かけて処々に売る、諸人は一国の人狂せるに似たり、かく盛りなるも衰ふ時あるにやと思はれしなり

（『増訂武江年表』）

といったはやりすたりの情況をうかがうことができる。一般に一度流行して、衰退してからふたたび流行することは、余りないのだが、この太郎稲荷は、再三流行神化したのである。「その後すたりて誰知るものもなかりしが、天保の頃にいたりて、ふたゝびはやりだせしが、昔には及ばず」（『わすれのこり』上）と記されている。人々が一時的に狂喜するには、いくつかの要因があるわけだが、ここでは太郎稲荷のご利益といわれるものを吟味しておきたい。当時市井にばらまかれた読売りには、

啞かものいふ目くら按摩が眼をあいた膝行（いざり）かたつて歩行ます（中略）案ずるに去る享和三亥とし麻疹流行し当春頃までありし、此悩みに眼を煩ひ腰ぬけてたつ事なりかたきものも自然快復すべき時の至れるを太郎稲荷の利生と思ひ斯口すさみしことなるべし

（『街談文々集要』）

とあって、その頃麻疹などが大流行し、その病気治しに霊験あらたかであったことが、流

行した原因の一つであると考えられている。

やはり近世末期に流行神となった半田稲荷も、

赤き布にて頭をつゝみ、赤き行衣を着、葛西金町半田の稲荷大明神と書し、赤き小さきのぼりを持ち、片手に鈴をならし、葛西金町半田のいなり、疱瘡はしかもかる〲と云て来る、ほうさう前の子を持し家にて銭を遣れば、稲荷の真言を唱へ、その外めでたき祝ひ言を云て踊る、一文人形といふ物一つ置てゆく　（『わすれのこり』下）

といった情況である。まず流行神となった直接的な原因の一つには、世間で当時恐れられた流行病があり、その予防、治病といった機能的霊験が求められ、それに十分応じられるほどの熱狂的信仰が駆りたてられていたのである。

世の中のこと

すでに指摘したことだが、ドラマティックな終末の場面があり、そこに強烈なユートピアの現出といったシェーマを、民間信仰の次元では描くことができない。統合化された宗教体系との関連からみれば、その原型というべきものあるいは萌芽形態が非統合の状況のまま内包されていることを指摘することになる。

世直し思想の把握の仕方も右のような観点に基づくものである。「世直し」の思想的意味については、すでに安丸良夫、ひろたまさきが、困苦した民衆が生み出した解放への幻想的観念ととらえ、丸山教との関連から考察した注目すべき論考がある（「『世直し』の論理の系譜―丸山教を中心に―」『日本史研究』八五）。この場合の「世」は、民間信仰の次元ではどのように意識されているだろうか。農耕社会において、ヨノナカ・ヨナカといった民俗語彙は、稲の作柄のことを意味していた。青森県中津軽郡西目屋村にある新穂滝は別名世中滝と称し、落水する水が凍って積み重なる形状から、その年の作柄の豊凶を占うならわしがあった。ちょうど氷の形が乳房を垂れたごとくなり、それが高く積って滝口へつくほどになる年はきわめて豊作だといわれた。津軽藩では、わざわざ正月十六日に役人を遣わして観察させていたといわれる。各地に見られる世中桜、世中花といわれるのも、花の咲き具合から、豊凶を占うことによる命名である。岩手県上閉伊郡で、世中見というのは、小正月の晩に、鏡餅をこしらえ、いろいろな種類の米粒を敷いた膳の上に伏せて、その上に鍋をかぶせておく。一晩放置してから、翌朝鏡餅をひっくり返して、米粒のつき具合から、豊凶を判断するというものである。三重県鈴鹿市白子町で、小正月の晩、管の中に粥を入れて、その入り具合により豊凶を占う筒粥神事を、世中試しといっているのも、ともに共通した年占の意味であり、世中が稲作の作柄を指すことを示している。

稲作の開始と終了

つまり稲作の開始と終了までの期間が農耕社会における世であるとすると、世直しとは、新たな世を迎える心意に基づくものといえる。そこで注目されるのは、農耕儀礼を軸とした祭りであり、とりわけ農耕の世が終了する段階の収穫祭、豊年祭のもつ意義である。大雑把にいうならばこの時期は稲作の世の折り目にあたる。つまり旧き世と新しき世の交替の時期なのである。沖縄八重山の芸能として知られるミルク（弥勒）踊りは、新しき世をミルク世という理想世に想定して、その実現を意図する内容のある点をかつて注目したが（拙著『ミロク信仰の研究』）、この事例に限らず、新年の誕生を祝う季節祭には、もっとも原初的な世直しの意識が認められよう。世直し的意識をこめた季節祭には、共通して熱狂的な乱舞のあることはきわめて注目すべき現象である。堀一郎は集団的オルギーの要素を、季節祭の中に認め、その意義を論じている（「日本の民俗宗教にあらわれた祓浄儀礼と集団的オルギーについて」『文化』三〇―一）。この中で堀は年の終わりにある民俗行事としての追儺にはじまり、小正月に至る間に行なわれる暗闇祭、押合祭、喧嘩祭、尻ひねり祭、暴れ祭、悪口祭、種貰い祭など、一連の祭りの中に多くのオルギー的要素が含まれるとする。

押合祭、長野県下伊那郡上村上町

それは祭りの場で群衆をオルギーにかき立て、穀霊を復活させる意図があるものと推察されている。これはあくまで、新たなる年の世の豊饒を求める心意の発現した行為であることが明らかだろう。こうした農耕世界観を基底に置きつつ把握される世直しは、たえずくり返される性格のあることが特徴的であり、しかも通時的現象を示す。したがってメシア的カリスマによって唱えられる創造的な世直しとは次元の異なるものである。しかし両者を異質のものととらえるのは早計なのであって、前者つまり農耕民的思考から発現してきた世直し意識が、日本人の信仰体系の中でどのように位置づけられるかを考えねばならないのである。

エエジャナイカの底流

たとえば幕末民衆の爆発的な宗教運動であるエエジャナイカなどは、そうした問題を考えるうえで好個な対象である。エエジャナイカを宗教的行為として見るとき、その中心には非日常性を帯びたオルギッシュな踊りがあることはよく知られている。近世に続発した流行性を持つ踊りは、その前後の社会情況との関連からきわめて興味深い現象である。エエジャナイカも当然伊勢信仰に連なるお蔭参り、お蔭踊りの系譜を引く面を持っていることとは従来の諸研究がものがたってくれる。お蔭踊りは五、六十年を周期としており、通例慶安三（一六五〇）年、宝永二（一七〇五）年、明和八（一七七一）年、文政十三（一八三〇）年、それと慶応三（一八六七）年のエエジャナイカを含める場合もある。その他に慶長九年、寛永十五年、延宝五年に伊勢踊りがあったことが知られている。これらのさまざまな要素を含めた現象面の中で、農耕との関連を見ると、それらの踊りが凶作の次にくる豊作の年に行なわれていること、踊りはじめが、春秋の農作の開始前、終了後の折り目にあたっていることなどが注意される。お蔭踊りは一地域で発生して、掛け踊り方式で各地に伝播して行った。伝播速度の遅速で踊り出す時期に地域差があることから、かならずしも季節祭りと結びつかないのが実態である。しかしケからハレへ、日常から非日常へと一気に噴出する様相は、オルギッシュな季節祭の情況と類似することは大方の認めるところである。参加する民衆は抜参りという脱共同体の姿勢をもち、ある種の解放感にひたりながら、伊勢に向けて踊って行く。男が女に、女が男に仮装し、派手な衣裳を身につけ、自から非日常的世界に突入する。そしてそこにはオルギーという社会形式の枠に規制されながらも非合理的な法悦の世界が形成されているのである。

奇蹟への期待

まず民衆の現世利益に応じてさまざまの奇蹟が期待され、それがつぎつぎと起こっていく。宝永二年のお蔭踊りを記した『伊勢太神宮続神異記』には奇蹟の数々が挙げられていた。信州松本に住む足が悪い男が、正月二日の夢の中に伊勢参宮すれば病苦が救われるという老翁の託宣を受け、いざりながらも、お蔭参りの群れについて伊勢まで出掛け、ついに平生に戻ったという話、またおこりに悩む妻を治すために、自分が身代わりになることを太神宮に祈り、その願をもって子供に代参させたところ、神がそれを聞き届けてくれた。おこりは本復し、亭主の方は、軽くて済んだという話。江戸芝に住む盲目の男が両眼を開くことを祈願しつつ、内宮までようやくたどりつくが疲れて居眠りしていると夢中に天童が現われ、男の名を呼んで呼び起こす、ハッと眼をさますと開眼していたという話。和州丹波市の庄屋の下男がお蔭参りに出かけるのだが、田植えの最中であり、人手不足ではなはだ困るというので、出掛ける前に終わらせねばならないと、庄屋は人傭いをすることに決めた。翌朝人を傭って田へやったらば、驚いたことに、一夜のうちに田植えはすべて終わっていたので、あわてて下男をお参りに行かせたという話。伊勢有間野村の次郎介なる者、急に熱病にかかり、口走って次のようなことを託宣した。「我家へ太神宮いらせ給ふぞやみな〳〵垢離潔斎すべし、此度国々より大分の参宮人なるを、おろかや此当り、川俣谷中のものども不信心なるのみか、遠国よりの過客、往来の駄賃を多く取掠む。たとへ何程の駄賃を取たりとも、富人もあるまじきぞや」という。そこで家中の者が鎮めようとしたが、この神がかりの情況はますます高じるばかりである。ついには庄屋や組頭まで呼び出し、「汝ら是にても承引なきならば此所に二三日も止り、あらたなる不思議を見すべし」とのたまわった。庄屋は今この村は耕作中なのでお参りを延引しているのだと言い訳をしたが、さらに神がかって、「天か下いづくまでもいそがはしき時なれども、それを捨置参るぞかし、かくいふも万民のめぐまんためなるぞ。人々の勝手にまかせんとの事、曲事なり」との託宣があり、ついに庄屋を筆頭にして、村中そろってお参りに出かけることとなり、次郎介の神がかりの熱病も治ったという話、等々いずれも神の奇蹟によってお蔭参りに出かけて行く話を記している。いずれもお蔭参りの盛行に便乗して神宮側の宣伝を効果的にする作為と見ようとするのは可能だが、一方ではこうした奇蹟が、その年各地に共通して起こっていたということ、いわば狂熱乱舞情況の中における一種の共同幻想によってそれらが生み出されたということに注意すべきであろう。『続神異記』の作者は、こうした不思議な出来事が、天狗や狐や狸の類の仕業だと思う人は多いだろうが、「たった七八、十四五の幼童、無濁清浄より起て、大人汚穢不浄のこころまで救ひ給ふにや、道中往来の貴賤臈次もなき事を謳歌し、大人も小児の心に准ふ。是天運循環して四つの時序を不レ失、五穀豊饒泰平の端なる事の著し也」といい、お蔭参りのオルギッシュな情況のもたらす特異な雰囲気、法悦の世界を述べて、それは神明の及ぶところだとしている。

世直りへの期待

本居太平などは、知識人の眼から見て、お蔭参りにかなり冷淡であったようだが、やはり、不思議な奇蹟のあることを認めていた。「まことや此ころ、外宮なる一本の杉の梢にともしひのやうに火ともりしなどいひ、そこかしこめづらしくあやしき事どもくさ〳〵きこゆれど、みなたしかならぬ事なればもらしぬ」（『おかけまうての日記』）といっている。とりわけ不思議なのは、天からお祓いが降ることだった。それはお札や銭や米やさまざまな種類があったが、それはお蔭参りにはつきもので、お祓いが降ったのをきっかけにお参りがはじまり、踊りになっていったのである。

家分に応し御下りの有家には、御造酒として上酒一樽、或は弐樽、三樽、又は五樽、此比は川崎へん、妙見町抔には、家々に右の造酒を、亭主抔か商売は皆御下りあると四五日も休み、只表を通る人にのますのを仕事に致し、又奉公人抔や娘、下女の類は昼夜鳴物抔を打たゝき、男女老若も町中さわざ、其時のはやり歌にも、おめこへ紙はれ、はげたら又はれ、なんでもえじゃないか、おかげて目出度、という斗りにて大さわき、又は面におしろい抔を附、男が女になり女が男になり、又顔に墨をぬり老女か娘になり、いろ〳〵と化物にて大踊、只よくも徳もわすれ、えじゃないかとおとる而

已なり　　　　　　　　　　　　　　（『慶応伊勢御影見聞諸国不思議之扣』）

といった情況が示されるのである。このエエジャナイカ・お蔭参りの踊りの中で「ええじゃないか」の唱句があることは特別視されたのだが、宗教的要素の発現の仕方では、それほど特別に扱われるものはない。ただ熱狂度が他よりはなはだしく、それだけにエクスターゼとオルギーの交錯が強くあらわれている。それ故、エエジャナイカに世直し意識が抜きん出てあらわれるのではないかという推測が成り立つ。阿波のエエジャナイカの中で、「日本国のよなおりはええじゃないか、ほうねんおどりはお目出たい。おかげまいりすりゃええじゃないか」（山口吉一『阿波ええじゃないか』）という唱句があることは象徴的である。つまりエエジャナイカが世直りといわれていること、豊年踊りと同質視されていること、お蔭参りと同じ文脈にあること、などが指摘できるからである。

世直りと農耕祭り

世直しといわず世直りと称する時、そこには主体性の欠如がみられる。観念的であっても誰が何を目的として世を変革させていくかという点に世直しの真骨頂があるとすれば、世直りは、世がただ受動的になんとなく改められればよいという心意である。地震による

お札まき踊り、横浜市戸塚町

混乱と変革を、日本では一般に世直りと表現したが、エエジャナイカの陶酔の中で意識されていたのは、かならずしも積極的には世直しをおしすすめることではなかったといえるだろうか。その点は、豊年踊りと同一視され得る心意が基底にあったこととも関連する。すなわち豊年踊りは、飢饉のあった後、踊って豊年を祈願することを目的としていた。天保十（一八三九）年京都で人々がオルギッシュな踊りをはじめて、それが世に豊年踊りといわれたのは「此両三年米の高きに苦みたる気鬱をひらき、猶行末をいのる心なるべし」（『天言筆記』二巻）という理由に基づいていることからも明らかであった。元来お蔭踊りに農耕的要素があったことはしばしば指摘されている。天からのお祓物に、豊年俵という物が降ってきた地域があるし、お蔭参りの旅人を百姓が箕でかごを作って乗せていく光景から、「百姓の箕にてかき行施行かご田畑もろとも実のる吉兆」と感ずる人もいた（『伊勢御蔭参実録鏡』）。いわば農民のお蔭参り観の一端を示すものといえるだろう。

弥勒信仰との関連

かつて和歌森太郎は、弥勒信仰を背景とする世直し思想がエエジャナイカに存在することを指摘した（「近世弥勒信仰の一面」『史潮』四八）。メシアニズムを持つ弥勒の札がエエジャナイカのお祓物の中に含まれ、天から降ってくることは注意すべきである。しかしミロク下生＝出世といった観念がそこには鮮明ではない。『おかけまうての日記』には、明和八年のお蔭参りに、弥勒しが参宮したと記している。「弥勒天王のおしし様、祇園会あり直に御参宮被レ成候前代未聞也」とあり、また参宮下向の際、氏子中が迎えに出たという華やかな光景が述べられている。「何れも麻上下高挑灯にて御迎に参り罷り込中候前代未聞の賑合、祭り抔は愚成事にて御座候。余り仰山成事故、町年寄よりさっと入候得共用ひ不レ申候町も御座候処、其後彼是公儀に相成り、遠慮いたし候家も御座候得共（下略）」とあって、お蔭参りに関連して弥勒おししの信仰がきわ立ってあらわれたことを知る。この弥勒獅子の具体的な内容がわからないので、はっきりいえないが、近世初期に各地に広まっていた鹿島信仰は、弥勒踊りを内包して浸透していた。そしてその弥勒踊りが行なわれる前に、かならず獅子舞が施行されたのである。これはまず悪しきものを獅子が祓い浄め、しかる後にあこがれのミロクの世を迎えるためであった。弥勒獅子がこれと同様の信仰内容を持つならば、これがお蔭参り・お蔭踊りと同時期に、オルギー情況の中で祀られていたことに一つの意義があるだろう。

弥勒踊りと世直し

先に述べたように、お蔭参りの淵源となった伊勢踊りは、神踊りであって、慶長十九年のものを嚆矢としている。そして元和二年、十五年と流行的に連続して、人々は乱舞しつつ伊勢参宮する形式で、これはやがて慶安三年のお蔭参りの中に吸収されて行くというコースをたどるが、お蔭参りが五、六十年の周期を持つのに対して、伊勢踊りの方はたえず各町ごとに小規模ながらくり返しくり返し行なわれる踊りだったといえる。福井県若狭地方の大飯町の伊勢踊りは、寛永十六年以後成立したものだが、その歌の文句に注意してみると、

五升六升ある枡と　枡かけ　みとゆるは世の中よかれと　揺り直す。
升にますかけ　みとゆるはイヤ〱イヤ
人のよの中　ゆりなおすイヤ　お伊勢踊を一おどりイヤ〱イヤ。
よしにみのなる　世の中はイヤ〱イヤ、野にも山にもかねがなる
お伊勢踊を　一おどりイヤ〱イヤ

（山口久吉「若狭大飯町に残る伊勢おどり」『近畿民俗』三五より所引）

右の文句の中には、世の中をゆり直す、つまり世直し的要素を見ることができる。そして「世の中」は米作の豊かに稔った世であることも明白である。

さらに注目すべきは、伊予八幡浜市の伊勢踊りの中に、

菊の花かざして踊れや氏子ども、あとよりみろくのつづきたるぞイザヤ神楽を参らする
今年よりみろくの上抄吉になりて、みな人事にこひの心ぞイザヤ神楽を参らする

（前掲山口論文）

といっていることである。つまりそこにミロクを歌いこめた内容のあることだ。すなわちお蔭踊り、エエジャナイカの乱舞を含めて、続発する流行踊りの中には、潜在的にミロク信仰的な世直し（世直りを含めて）の意識が源流として存在するといえるのではないだろうか。その場合の世直しとは、あくまで豊饒の世への転換という農民の世界観に基づく型を示すことは今まで指摘してきた通りである。伝統的なメシアニズムを秘めたミロク信仰も日本においてはミロクの世としてそれに叶うべき豊饒の世と同質のもののように民衆に期待されたのである。

3　流行神とメシアニズム

入定の持つ意味

土中に自ら埋まり、入定するという行為は、入定行者にとっては、たんなる自殺行為ではない。何らかの形で自己の肉体を保存させながら、はるか彼方の時間に可能となる弥勒出世の暁を待とうとする意図がある。しかし一般民衆にとってみれば、日常生活の中では考えられぬ異常な行為であった。非日常的な行動からは、しばしば活力が生まれる。すなわち入定が、行者たちの意図とは別に、一つの奇蹟をもたらすのではないか、そこから新たな救済が求められるのではないか、と人々は受け止めたのである。

現在も各地に残っている入定塚にまつわる伝説をみると、たとえば長野県北安曇郡神城村の田頭小丸山の北麓にある行人塚は、昔行者の生埋めになった所で、死ぬまで鉢を叩いて勤行していた所という。その後も晴れた日に耳を澄ますと鉢の音がかすかに聞えたといい、また、ここで馬をつないだり草を刈ったり放尿すると祟るという。これなども行者の霊が今も生きていることをものがたっている。埼玉県入間郡芳野村に真戒坊という畑があり、ここは、昔真戒坊という老僧が、自ら棺に入り、節を抜いた竹筒を地上に通じて生埋めとなり、七日七晩鉦をたたいて死んだといわれ、お盆になると三日間鉦の音が聞えてくるといわれる。また、大洪水の時、人柱になった行人の読経の声が聞えてくる行人塚とか、静岡県小笠郡横須賀町にある生命塚は、疱瘡にかからぬよう願かけをする所であった。この塚は安倍晴明のセイメイから来た名称で、かつて村人が大津波と浪の音を晴明に封じてくれるよう頼んだが、その謝礼金が半分しかなかったので、津波の方だけ封じてもらったのだという。変な話になってはいるが、以前陰陽師風の行者がいて祈禱した痕跡があったと思われる。いずれにせよ、これら入定塚にまつわる伝説からも、入定行者の霊力のほどがわかるのである。

入定行者の霊力

『譚海』には次のような記事がある。

尾州八事山といへるは、真言宗の寺にて無住法師入定せし地なり、今も其霊有、二三十年前無住其むらの人に連夜夢に見えて、このやまちかき内に崩るべし、退居せよといふ事を告たり、村民退居せし後果して山くづれたりとかや、無住上人猶死なずといへりこれは入定行者の霊が今も生きて、村の変災を予知し救済してくれたという話である。『葛西志』にのせられた入定塚は、その塚上に石地蔵を立て、西誉蓮入なる行者の入定した跡だという。この行者は奥州塩釜の産であり、もと武士であったが、故あって出家し、信心も厚かった。あるとき不動の霊夢をうけて、村民の疫病を救うため入定するといって、二十一日間断食して日夜誦経していたが、結願の日に眠るがごとく示寂したと伝える。時は元禄五（一六九二）年五月十八日の事であった。近隣の老若の者たちすべてが集まって、この入定行者を参拝しそこへ地蔵尊を建立した。そして行者の誓願どおり、その地にはそれ以後疫病が流行しなかったと伝えている（万年一『江東区金石文編年誌』六九頁）。行者の入定による死が、一つの霊力をうみ出し、民衆救済の誓願を可能にしたというのである。

寛文七（一六六七）年の『増訂武江年表』を見ると、道心者如西なる者が、「われは鍾馗大臣と成て、衆生の疫病を払んとて、剣をもて穴に入、諸人念仏の声とともに土を投入て片時に埋む」とあって、やはり疫病を払うという誓願を立てて入定したのである。この事例の場合にも、江戸中で聞き知った者たちが、参詣にくる数が実に夥しいと記されている。入定行為が世人にとっていかに衝撃的であったかがわかるのである。ともかく大変な事件なのであった。

入定に寄せる期待

深川炮碌島の入定の一件もそうした雰囲気を示すものである。『江中真砂六十帖』の記事に、

深川炮碌島入定の沙汰今に其跡ありて真言坊主にて江戸中建立の事として炮碌島を結びて此度入定いたし候とて所処木戸木へ、日限を書付け出して回向の規式夥しく、参詣、珍らしき事に思ひて群集して賑ひぬ、日陰の前川かたより入定の穴に抜け道を、こしらへあると江戸中に風聞して、憎しとや思ひけん誰れ触るともなく町中より若者ども参り合せて、日中に回向して穴へもつかうにてソロリ〳〵と鉦に応じて落しぬ、最早下へ落し功回向になりて上はり蓋をすると取除て江戸中の若者、はや抜けぬ先に埋ろ、殺せよと土や石を忽ち投込み、土を塚の如くに盛りあげ其上へ大勢登りて踏けるとかや、此見物大勢にて怪我人多く、懐中の物を失ひ、又は、はき物などもなくなりて命から〳〵皆帰りしとなり

ということの内容の真偽の程はわからない（前掲『江東区金石文編年誌』）。しかしいずれにせよ、江戸の民衆たちの入定行為に寄せる異常な関心と期待をものがたっているといえるだ

ろう。

山伏・行人の取締

こうした入定行者を含んだ山伏、行人の類は、江戸幕府にとってはずいぶんと目障りの存在であった。このことは、幕藩体制下の宗教のあり方をほぼ定着させていた寛文年間の町触れの中にうかがうことができる。

「諸出家幷山伏町中ニ家屋敷を持、其家屋敷之内ニ寺構を仕置、致居住候出家山伏有之候ハ、今明日中ニ相改、其様子を具に書付」(「寛文二年七月町触」)とか

「向後町中にて出家、山伏、願人、行人等仏壇構候もの、差置申間鋪候」(寛文五年十月町触)といった法令が続き、寛文五年十一月には次のような町触れとなるのである。

一、町中山伏、行人之かんはん幷ほんてん、自今以後、出し置申間敷事

一、出家、山伏、行人、願人宿札ハ不苦候間、宿札はり置可申事

一、出家、山伏、行人、願人仏壇構候儀無用之由、最前モ相触候通、違背仕間敷候、但山伏、行人、願人ハ諸旦那より祈念頼候ハ其時計絵像をかけ、祈念可仕候、祈念仕舞候ハ、、絵像無用可仕事

一、町中ニテ諸出家共法談説候儀、無用ニ可仕事
一、町中ニテ念仏講題目講出家幷同行とも寄合仕間敷事

この禁令からもわかるとおり、山伏、行人たちの民衆の宗教生活における活動が、いちじるしく規制されたことが明らかである。しかし一方では、こうした町触れが、再三再四出されていることからもわかるように、民衆は、むしろ行者たちにご祈禱を頼んだりして、大いにかれらを活用していたことも明らかなのであった。いってみれば、山伏とか行人とかは、特定の寺院に直接支配されず、民衆生活の中での交りを深くしている民間信仰の指導者なのである。

そうした中から、現世利益的な民衆の祈願を基調とし、入定行為を示す行者が出現してくるわけで、いうならば、入定行者たちは、入定を媒介として、やがて神として祀られ崇拝を受けたわけである。実際にその神は、入定に示した強い活力をもって霊力を現世にとどめ、民衆の望みに応えて、いくつかの救済も果たしたのであった。

呪法を使う行者

一方、とりわけ入定によらずとも、この世にあって、いろいろな呪法を行使して祈禱を

行ない、一般民衆の帰依を受ける行者の類もきわめて多かったのである。たとえば、

江戸青山熊野権現堂下と云所に、すゐほう和尚と云人すめり、此人ふしぎの法ありて安産の守を出す、産婦あれば行て願ふ時、使をまたせて御符を出す、礼物として三百銭贈なり、産に臨で此符を婦人右の手に持て居るに、極て安産なり、七夜に至て封をひらき見るに、熊野三所本地の御形に、其生れし子供の名を書入て有、男なれば男子の名有、女なれば女の名書て有、生し子の男女をたがへず、よりて皆々ふしぎがるとなり、三七日も立て又右の符を返しまゐらする事にて持参すれば、あたらしき符に取かへこすなり。是は出産の時用たるは、けがれたるゆえとりかへもらふよしなり、此度は礼物二百銭贈事なり、此和尚卜筮にてもせらるゝか、狐などつかふて然るにやみな人いぶかり思事なり寛政の頃もつはらはやりたる事なり（『譚海』八）

ここに出てくるすいほう和尚なる者が、熊野修験とつながりがあったらしいことは、その霊験あらたかな呪符が牛王宝印に似たものらしきことから推察される。安産を祈願する妊婦の心は今も変わらぬが、江戸時代であってみれば、一層神秘的な力の加護が必要であったろう。そうした民衆の祈願に応えて、このようなご祈禱やら護符を配付した宗教者は

多数あったのである。

奇蹟を示す行者

寛政三（一七九一）年江戸にこんなことがあった。金松安楽寺の念仏行者として知られた僧の弟子尼が往生するにあたって、遺言に「我往生せば結縁のため、しばらく其まゝにてほふむらず、七日の間諸人にをがませよ」と云って、臨終した。そこで、家内の者は尊いことであるとし、また念仏行者も来ていろいろ差図した。まず棺をうどん箱のようにさしふたに拵え、其中に死んだ尼さんを坐らせ、七日間参詣する人たちに拝ませた。その姿が、まことに生仏のごとくであったから、諸人聞き伝えて、参詣する者実に夥しかった。そして極楽往生の素晴らしさなどを讃美したが、そうした信者たちの前で、亡者たる尼が眼を開き、行者と言葉を交したのちに瞑目（めいもく）したということが起こり、まことに奇蹟だと人々は驚きかつ敬った。ところがこの一件について、さまざまな風評が立った。実は尼は死んで居らず、年来その念仏行者と密通していた女性であり、往生するふりをして、尼を別に隠してしまったのだといわれ、また幕府側は、これは先の町触れにも抵触するし、かつ恐れていた新義異宗にあたるというわけで、とうとう僧は捕えられ遠島となってしまった。

生き仏現わる

この話なども真偽の程はわからぬのだが、作為的であるにせよ、生仏的な存在の出現が、幕府の取締りにあうほどに、民衆が期待を寄せ、群衆を集めていたということをものがたっている。そこには復活信仰めいたものがあり、人々はそれを奇蹟とみて、何かの期待を持ったのである。

古代の役小角、行基以来、民間で活躍する隠身の聖たちは、しばしば俗界を離れた聖なる世界で、凄絶な修行を経てふたたび民衆に接する。その折の荒々しい活力は、よく救済の約定を果たすかにみえる場合がある。そういった系譜を引く行者たちは、先の入定行者の例もあるが、なおそのまま生身の姿で人々に礼拝されることがあった。

正徳の比、単誓・澄禅といへる両上人有、浄家の律師にて、いづれも生れながら成仏の果を得たる人なり、澄禅上人は俗成しとき、近在の日野と云町に住居ありしが、そこにて出家して、専修念仏の行人となり、後は駿河の富士山にこもりて、八年の間勤修怠らず生身の弥陀の来迎ををがみし人也、八年の後富士山より近江へ飛帰りて、同所平子と云山中に籠られたり、単誓上人もいづくの人たるをしらず、是は佐渡の国に渡りて、かしこのだんどくせんといふ山中の窟にこもり、千日修行してみだの来迎を拝れけるとぞ、その時窟の中こと〴〵く金色の浄土に変、瑞相様々成し事、木像にえりて塔の峰の宝蔵に収めあり、此両上人のちに京都東風谷と云所に住して知音と成往来殊に密也しとぞ、単誓上人は其後相州箱根の山中、塔の峯に一宇をひらきて、往生の地とせられ、終にかしこにて臨終を遂られける、澄禅上人の終はいかゞ有けん聞もらす、東風谷の庵室をば、遺命にて焼払けるとぞ、共にかしこきひじりにて、存命の内種々奇特多かりし事は、人口に残りて記にいとまあらずといふ（『譚海』五）

ここにいう単誓・澄禅の二行者は、ともに山岳で厳しい修行を積み、生身の弥陀の来迎を拝んだり、山中の窟を金色の浄土に変ぜしめたりする奇蹟を世に示し得る霊力を保持していた。いわば「生れながら成仏の果を得たる人」なのであった。だからかれらの出現は、まさに民衆にとってはメシア的な存在でもあったのである。

木食聖の行脚

当時こうして山中で行をしつつ俗界に出現してくる行者たちは木食と称され、民衆の崇敬を集めていた。右の史料で示した単誓の弟子で但唱という者は、後に江戸に定着して芝高輪に如来寺を開創した僧だが、若い頃に出家して、佐渡の檀特山に登って捨身の行者単誓仏の弟子となったという。檀特山の峯々を分け入り、滝にうたれ念仏を怠らず、藤葛の薄衣を着し、蔬菜のみを食べていた。檀特山に二十一歳の時登り七年間難行苦行をした後、越後国米山に移って山居（さんきょ）していた。四月八日の夜一人の女性がそこを訪れ、弥陀の名号を乞い、但唱はそれに応じ名号を記して、十念を授けた。するとかの女性は、われはこの山の地主薬師如来である、いよいよ衆生を済度すべしといって姿を消した。その後十月十五日にいたって、一人の老翁が訪れ、観世音菩薩の権化だとして、南方へ飛び去った。そこで但唱は、教えにまかせて名号を書き、仏像を作り、諸人にあたえつつ、あまねく衆生を化度することを知って、山中を出ることを決意する。その頃師の単誓は、相州塔の沢に居たので、まずそこを訪れる。そこで単誓よりいろいろと呪法の伝授を受け、それから信州に移り、川中島あたりで、念仏を広めた。「人民都而崇敬せすといふ事なし」という情況であった。それから越後へ移り、八代という所に止宿していた時、その土地の僧たちが徒党を組んで、但唱に法論に来た。つまり但唱の説く内容がはなはだ理不尽であるというわけである。但唱はこれと対峙して退かず、ついに相手を屈伏させてしまったという。それから思いのままに念仏を広め、越後の柏崎の奥の山谷村に一寺を作って帰命山と号した。また信州の中野村にも寺を建て、同じ信州の亀倉村の奥四阿屋山に住した。四阿屋山には四阿屋権現社があったが、久しく大破されたままであったのを、但唱は、社の四方に七八尺ばかりの石垣を両面に築き、柱は榧の良材を用い、屋宇は厚板でとちふきにした。山中に二つの滝あり、滝の傍に弘法大師作の千手観音、不動明王が祀られていたのが破損していたので、祠を作り直して石垣をめぐらせた。亀倉村の庄屋の本願で寺地が寄進され、そこへ寺を立て、自ら千体仏を作って安置し、千日別時念仏修行を行なった。「貴賤袖をつらねて参詣し、弘法日を追て繁昌せり」という情況であった。この地は小笠原壱岐守の支配するところであったが、藩主も十石余の寺領を寄進するにいたった。藩主の庇護もあってか、四阿屋山の周辺に次々と寺が建てられた。各寺には千体仏が安置されたが、これはいずれも但唱みずから刻んだものである。四阿屋山において、大念仏を始めたが、「国郡貴賤道俗男女夜に日を継て群集し、異口同音に弥陀の名号を唱て、寛永二乙丑年三月十四日と申に、大供養成就し給ふ」という。この但唱木食の威勢に、他宗派寺院の者、益々怒って、再び、浄福寺はじめ三七カ寺が組んで、四阿屋山に法問を挑んだが、木食に勝てず、閉口して下山する始末であった。浄福寺はそこで増上寺に訴訟するに至る。増上寺の国師は弟子の了約をして、木食に会わせ問答をさせるが、その結果、但唱の念仏は、「塔沢法国国光明仏より伝へ、光明仏は作州檀特山において三尊来迎に預り、直受し給ふ処の大衆円融の念仏なれば、了約いかんともとかむへきやうなれば」と、結局但唱説く所は認められるに至る。

奇蹟を示す木食但唱

但唱はさらに、富士の麓に山居した。そこでも老若男女は譴集したが、昼夜とも六時に念仏おこたらずはげむうち、「念々来迎に預り、参詣の貴賤時々三尊の来迎を拝み奉る」ことができたという。その時、上人が年来所持していた黒柿の数珠二連が仏舎利と変じた。「一連はそのまゝ青色の舎利と変して、光明赫赫として水晶のことく、一連は炉火の傍に念仏を修し給ふに思はさるに火炉に落し給ふに皆消失す、其跡を見るに金色の舎利となれり、世の人是を見ていよいよ信仰の思ひをなせり」という有様であった。こうした奇蹟信仰が高揚して行き、但唱はさらに遊行をはじめる。まず須走に堂を建て千体仏を安置し、信州上田、飯田、房州、上総、越後、佐渡等々にその足跡を残して行った。それから信州伊那の山吹村に入ると、領主座光寺氏の帰依がとりわけ深く、そこから材木などを得て、五智の仏像を作った。それから江戸へ出てこれら仏像の安置する場を求め、結局芝高輪の地を得て、寛永十三年三月十九日に寺院を草創し帰命山如来寺と号したのである。それからも伊豆の外倉という所へ渡り、石仏の仁王をのせた舟を岸につけたが、人足が一人もいない。そこで上人が海岸へ出て四方四郷を招くと、「いつくともしらす人足稲麻竹葦のことく集り来て、石仏仁王を船よりあけ奉り」という奇蹟になった。また伊豆半島の岩科へ渡り、五智の石仏を造立し、山城国の西島の滝という所に安置した。再び如来寺へ帰り来て、座像の九尺余もある閻魔を作り奉り、路傍に安置して人々に結縁させたという（以上は「但唱伝記」『東京都社寺備考』所収による）。

信仰を集める木食但唱

但唱のことは、『江戸名所記』にも記され、民間聖の木食として名声をはせていたことが知られている。その伝記はもちろん多分に脚色された内容であるが、ほぼ近世初期に定着した山岳修行者の一面を示すものといえる。彼は山から山を練行する念仏行者であるが、特定の宗派に直属すること好まず、木食行を続け千体仏を刻み、時に救いを求めて近づく衆生に十念をほどこし、祈禱を行なったのである。結縁を求めて帰依する信者たちの眼前で、弥陀の来迎を示したり、仏舎利を現出させて、憧れの浄土に変えさせるという奇蹟を行なった。江戸に定着して東叡山末となってからも、なお各地を巡行していたことは、その行動自身の反体制的資質と相まって、すぐれて民衆的な行者と考えられよう。

徳本行者の人気

この但唱と先の澄禅、弾（単）誓などは、江戸時代初〜中期にかけて活躍した生仏的な存在であったが、幕末にかけてこれと対照されるのは、徳本上人であった。

『増訂武江年表』文化十一（一八一四）年の項に、「七月頃より徳本上人、小石川伝通院にて諸人に十念を授らる、貴賤の参詣群集夥し」という記事からもわかるように、徳本も但唱と系譜を同じくする聖であった。

紀州の産にして漁師の子なり、若うして感ずることありて仏門に入り、昼夜念仏の外他事なし、常に難行苦行をなす、豆三十粒を以て、浜辺にありて日々に一粒づゝ食て三十日立行をす、後ち穀を避て木食し、山に入りて出でず、其のち大守こゝに狩し給ふに、谷を隔てゝ石上に端座合掌して念仏するものあり、髪髭ながくのびて身にはみるのごときをまとひ、人とも獣ともわかたず、近臣をして射さしめ給ふに皆あたらず、大守驚きたまひて、自ら其来歴を問ひたまふに、答ふるところ少しも滞りなく、生れながらの活僧成として、城中に止めて厚くもてなしたまふ、後江戸に来りて伝通院に居れり、加持を乞ふもの院内に充満せり、廃寺を賜りて修復して住す、都鄙老若十念を授らむと群集し、寂莫たる陋巷忽ち市をなす

（『わすれのこり』上）

徳本の念仏講

この伝説からもわかるように、かれは木食徳本として山中に修行を積み、俗界に出でて

衆生救済を行なった者である。「生れながらの活僧成」といわれたことは、先の行者たちと同様に、一般民衆に思われたことをものがたっている。

『甲子夜話』にも記されているが、徳本は念仏講を各地に組織していった。

世に徳本流の念仏を修するを見るにいと巨大なる木魚に大なる伏せ鉦を置きて、信者相集まつて彼木魚と鉦とを乱調に打扣きて異口同音に念仏す（下略）

とある。この念仏講は、さらに文政年間には江戸近郊農村に広まっていた。今でも「南無阿弥陀仏、徳本」の石碑を多く残している。

大奥と結ぶ徳本

徳本は文京区小石川の一住院に居住し、伝通院・増上寺の間を往復していたが、『甲子夜話』によると、日頃横柄な大奥の年寄衆、女﨟などが、増上寺に詣って、徳本に会う時、「徳本固より一間に容ることを禁じて、婦人は皆下の間にありしに、徳本出ると年寄衆も女﨟も皆下の間に平伏し首を挙る者なし」という威勢であったという。徳本は大奥と特別の関係をもち、そうした権威を背景に信仰圏を広めていたのである。だがそのことは、かえって徳本の念仏講自体の民衆性を弱めることにもなっていた。近世後期に至り、次第に崩壊しつつある幕藩体制の中に生じてくる民衆の社会不安、それに対応して求められたメシア的な行者、聖たちに対するイメージは、大奥と結びつき財力を富ます祈禱よりも、みずから率先して、新たな宗教価値を見出そうとする宗教者の中に求められていたのである。しかし、そうはいうものの、真に期待する行者の出現はないのである。にもかかわらず一時的な幻影でも、メシアらしき存在をたえず求めるのが民間信仰の世界に見る実態でもあった。

活躍する木食たち

徳本と同じ頃に、江戸は向島に庵を結び、大師の真言を唱え、加持水を与えて難病を治し、願望を成就させるとして評判の木食観正が現われたり、浅草寺仁王門の下に西蓮なる木食行者が来て、諸人の疾病平癒を施すため、念仏修行を行ない、参詣する病者に薬を与えていたという。安政六年の二月から四月に至り、高野山木食諦念という僧が、本所一つ目大徳院に宿して、諸々の病人へ加持を施し、薬湯の法を示したので、日ごとに参詣する群衆が増加したと、『増訂武江年表』に記されている。これから幕末にかけて、遊行上人が相州藤沢から来たって人々を集めているのも目立っており、こうした情況はしだいに逼迫する社会情勢の中で、何か体制を打破させるような期待が、民間を歩き民衆の苦悩に接する宗教者たちにかけられていたことをものがたっている。

メシアは出現せず

だがそうした民間の行者たちの行動にも、いくつかの制約があった。かれらには、客観的にも主観的にも明確な世界観が示されていなかった。民衆を一つの宗教的理念なり、目標に向かって吸収し得るだけのユートピアを、示すことはなかったといえる。民衆の現世利益に対応する呪術的な行為は、きわめて多様であったが、これはあくまで通時的現象であって、はっきりした時代性を表現していない。しかし現世利益は、とくにその充足の仕方を呪いなどで可能にさせることにより、高揚させることができよう。現世の枠の中での、人間の生き方の精一杯なありようを、宗教的思考として説明することは、ひとえに、民衆の宗教運動の方向づけから定まってくるのである。

だが、一般民衆の要求を反映させる宗教運動の指導者となるべき民間の行者たちの動きは、幕末の変革期を迎えて、いっそうかしましい情況とはなっていたが、ついに統合性をもった方向をみることなく終わっている。行者たちの宗教的な行為は、一時的に民衆の期待にそうべく働いたが、結果としてあまり稔りがなかったのである。霊能高き活仏であっても、しょせん一つの時代的枠組を脱却できない。幕藩体制下の宗教として、権力者の帰依を受けることによって地位を獲得せざるを得なかったのである。つまり新義異宗となることを明確にさせようとしなかったのである。

このことは、真に民衆の期待するメシアが実現しないことを、ものがたるわけであるが、一方では、本書で扱ってきたような流行神という信仰体系の持つ基本的性格によるものでもあった。流行(はや)ることは、必然的にすたることを前提とする。即時的に生起し、熱狂的に信仰を集めても、そこから噴出する民衆のエネルギーを吸いとり膨脹できる容れ物が存在しなくてはならない。それを運動形態としてとらえるならば、組織化とリーダーであろう。はやりがすたる以前に定着化するには、定着化を可能とする宗教的価値観がそこに創出されねばならない。それはやはり民間信仰の中から生まれてきた宗教者とその世界観にもとづくものでなくてはならないといえる。

本書では、そうした要素を指摘することが不十分であったが、こうした課題がやがて日本の民衆宗教史の中に定着することも明らかであることを予想しつつ、擱筆したい。

V　流行神の構造

1　民俗神道としての流行神

人面犬

現代社会の特徴の一つに、情報化があげられるが、情報化と民俗宗教の関連からみて興味深い現象がある。それはうわさ話がうみ出したハヤリ神の事例である。たまたま八〇年代から九〇年代にかけて起こった人面犬・人面魚・人面木を考えてみよう。人面犬は、姿形は犬そっくりで、顔だけが人間という妖怪である。一九八九年の五月頃から、東京を中心にして関東地方に広がり、全国的に流行した。はじめ中学・高校生たちの投稿雑誌に登場していたのが、九月に入ってからテレビで放映されるようになった。「高速道路を猛スピードで走っていると、それ以上の速さで犬が追い越して行った。その犬が振り返ると、人間の顔でニヤリと笑ったので、運転者はびっくりして事故を起こす」というモチーフであり、警察も登場してきて原因不明の交通事故に関わりがあると説明している。石丸元章の興味深い記事によると、人面犬のうわさの誕生期には、「事故を起こす」「首から下が犬」「バイク」「スピードの出し過ぎ」「犬が一言しゃべる」といった共通要素があった。さらに十月に入ると、人面犬が実見された報告が登場してくる。たとえば筑波の学園都市の研究所で人間と犬の染色体遺伝子を組み合わせて人面犬をつくり、地下室に飼っていたのだが、IQが高くて逃げ出し、あちこちに出没する云々といった情報など、各地に現われてヴァリエイションに富む。五月から十二月までの約八カ月間に、マスメディアを媒介として、主としてオートバイをのりまわす中・高校生世代に、人面犬が流行し、年が明けてからパタリと止んだ。

人面木

この人面犬と多少趣きを異にするが、やはりハヤリ神化した人面魚は、ちゃんとした学術名のある鯉の一種で、その顔付きが人面と似ているという話になり、その姿に祈願する人々が増えてきたというから面白い。九〇年代に入り人面犬に代わって人気を集めだした。今度は子供世代ではなく、老人世代といってよく、たとえば山形県善宝寺の境内の池に人面魚が棲息しているということで、参拝する老若男女が跡を絶たない。人面魚まんじゅうといった土産物まで出だしたという。この人面魚が下火になった頃、人面木がうわさになりだした。『朝日新聞』一九九〇年九月十一日付には、千葉県八千代市の人面木が記事になっている。それによると、市内の公園にあるケヤキの木の切り口が人間の顔に似ていて、人面木となり、テレビで放映されたので、見物人が集まってきて、樹木の前に賽銭が置かれるようになった。人面木は直径六〇センチほどの木で、枝の切り口が三カ所、夜間照明がその木を照らすと、人の顔そっくりになる。これを発見したのは、近くの接骨院の経営者で、ただちにしめなわをはり「ゆりの木観音」と称したところ、たちまち人々が集まってきた。この木に触るとご利益があるといい、お賽銭は十日間で約一万五千円となった。テレビで放映されるや、市外からも見物人がやってきて拝みはじめ、多い日は三百人、近く「人面木まんじゅう」が出る話となった。さらに『朝日新聞』の記事では、ある市会議員が自分が会長をつとめる商店会の費用で大きな賽銭箱を置き、そこに自分の名前を入れたため、公職選挙法に触れるという事態になったという。選挙がらみで人面木騒動となったが、これはいかにもハヤリ神的な状況といえる。

人面犬・人面魚・人面木に対する熱狂的な信仰（もっとも人面犬については他の二者とは異なっていて直接礼拝の対象となっていないが）の基底には、犬や魚の動物霊の憑依、あるいは樹木霊の憑依があると思われる。

人面犬の場合、狐・狸・猫・くも・蛇といった類の動物と同様に、犬の霊が人面犬として表出したとみることができるだろう。高速道路、バイク、半人半獣のイメージがあり、現代の妖怪といったスタイルをとっている。結局、人の顔になってニヤリ笑った犬の姿なるものが受け入れられた。人面魚については、「物言う魚」とか人魚伝説が背後にはある。これらの現象は動物たちを軸とする自然界からのメッセージとみる生態学との接域を示すものとなる。さらに人面木になると、伐られてしまう樹木の霊が誰か身近かにいる人間に訴えることを説いている伝説がこのように修飾された形をとったものといえないだろうか。たとえば乳母桜の伝説のように、木霊（こだま）が女性の姿となって、この世に出現してくることが信仰の基本となっている。「木霊の聟入り」のモチーフのように、樹木が若い女性に仮託されるケースがあり、古い樹木の精霊が妖怪になる話として共通化するのである。

現代社会に出現したハヤリ神には、いわゆる草木虫魚のアニミズムが一つの前提となり、シャマニスティックな要素がそこに胚胎している事実が指摘できる。ということは、かつて柳田国男が『石神問答』のなかで、日本人の熱狂的に神仏をハヤラせる性格が超歴史的に存在することを指摘していたが、やはり同様の傾向がここにうかがえるのである。

アストンの民俗神道論

幕末から明治にかけて、日本に滞在したアストンの日本神道研究はなかなか興味深い。彼は次のように指摘している。すなわち、神道とは、日本の古いカミ信仰であり、多神論的性格をもち、絶対的な最高神がない。また偶像崇拝をもっていない。そして道徳律が相対的には乏しい。加えて霊の概念を神格化することが弱いこととそれを把握することをためらっていること。来世の状態をイメージしていないこと。熱烈な信仰が育っていないこと等々をその特性としているという。彼の指摘がおおむね本居宣長や平田篤胤のカミ概念にもとづいていることは明らかであるが、要は「世界の大宗教に比べて決定的に未発達」という評価に連なっていることである。

しかし、神道を民俗宗教としてとらえ直したとき、そこには、豊富なカミ観念や他界観が発見できるのであり、アストン自身には当時の西欧のキリスト教を基準としていることから生じる偏見もある。しかしアストンが神学的には、神道が「未発達」であるとしながらも、それが民間伝承のなかに強く生きつづけていく働きをもっていることを認識していたことは注目すべきであろう。これは、神道が国家神道化する神社神道の流れよりも、一般民衆のなかに潜在的に継承されている民俗神道に注目していたからといえるだろう。

アストンは、日本人のカミの観念の一般的特徴として、人間の神格化をあげている。それは祖先崇拝、ウジガミで例示される一方、「個の神と類の神」が想定される。それらは山の神・雨の神・水の神・かまど神・家の神・厠の神・門の神などに比定されている。さらに、サエノカミ、福の神、禍の神などが「抽象的な人間の性質の神」に分類されたりしている。また、「呪術、占い、霊感」の章を設けて、民間信仰に普遍的な辻占・石占・お守り・くじ・夢などをとりあげ、それらを神道のなかに位置づけているのである。

男根の神

サエノカミについていうならば、これを「男根の神」と定義し、「日本では男根は、二つの異なった原理を象徴している」と理解する。

「第一にそれは、発生的な力が、生殖力を示していて、神話と慣習によって、この力があることが承認されている。それは自然に変化して、たくましい動物の生活とか死と病気の敵というもっと抽象的な概念の象徴になった。これから男根は、呪術的予防的な道具として使われるようになった。（中略）神道は、この後者の原理のほうがもっと重要である。それはサエノカミという名前で具象化されているが、これは「防ぐ神」という意味である」

と明快に説明しているのである。

当時、日本の生殖器崇拝に対して、性神よりもこれが「防禦」の呪術を前提にした性格のあることを指摘したのはアストンの卓見といえよう。彼は、サエノカミに擬せられた男根が性本能は刺激を必要とするよりむしろ拘束を必要としており、性本能への抑制が働いてこの種の神を人目のつかない場所に移すことになるに従い、「男根崇拝は、究極的には、公的な神道から消えて行った」のだという。

このことは、性神が公的な神すなわち神社神道の祭神に成り得なかったことを意味しているが、それ故に「神道」として無意味ではなかった点も明らかなのであった。

アストンは、性神＝サエノカミが庶民の慣習の中に残っていて、現在においても消滅してはいないと言い切っている。アストンは実際に現地を訪れて、庶民の生活文化として残存し、かつ生きた機能をもっている民間のカミガミを「神道」ととらえていたのであった。この点は次のような記述、「現代日本における新年の慣習の多くは、神道よりもむしろ通俗的な呪術の分野に属しているとはいえ、それについて一般的な説明をここですることは不適切ではない」と指摘しているように、いわゆる初詣でのような民俗行事の慣習までを、神道の枠組の内側にとらえていたのである。これはいわゆる「民俗神道」を主張する民俗宗教論の立場に通じるものといえるのである。

2　人神と祀り棄て

人神

すでに、アストンが現象面から気づいていたように、日本人のカミ観念には、神社で祀られている公的な神のほかに、私的な神ともいうべき、神社には祀られない雑神の類が数多くあり、それぞれに深い文化的意義が存している。これらの考究にあたっては、「民俗神道」の概念が有効であり、これまでもそれは豊富な民俗学的研究に支えられてきたことは言うまでもない。それらは、潜在的に伝承されてきており、慣習の枠組のなかにおさまったまま強い規制力を日本人の日常生活に与えているといっても過言ではなかった。

それらの実態に対して「人神」の概念を与えたのは、堀一郎である。

堀は、日本人の神観念は、二重の信仰型の組合せにより形成されるとして、「氏神型」と「人神型」の二類型を提示した。氏神型は「氏神」を中心として、周辺の信仰行事や儀礼群を包括する。もちろん神社神道の「氏神」がその典型であり、それは社会・文化・価値の統合を機能としてもつ。これに対し「人神型」信仰としてとり上げられる属性は、(1)特定氏族、同族、地域集団を前提とせず、広域信仰圏をもつ。氏神のような社会の現状維持や統合的シンボルの機能はなく、かえってこれらを分裂に導き、時にはより高次元の信仰へと導く。(2)氏神の封鎖性・排他性に対して、解放的かつ包接的である。(3)強い個性をもち、機能神的・人格神的である。(4)神と人の関係では、信者に保護と恩恵を与え、不信者に祟りと報復をもたらす。(5)神が特定の個人や家系を神と人との仲介者として選び、選ばれた人は、神の啓示者、神の子孫などに位置づけられる等々。

こうした「人神型」を設定するにあたって、堀一郎は、恐らく古代の強力なアラヒト神の出現形態を前提にしていたと思われる。たとえばその根拠が三輪、賀茂、八幡、住吉、祇園、北野などの各社の縁起・記録にもとづいていることは明らかであった。「ときに人間または、動物の姿をとってこの世にあらわれ、霊異力をもつ人間霊魂や精霊が、特定のシャーマン的、カリスマ的人格に憑依してその意志を伝達し、特殊の社会的地位や、戦死、不慮の死その他異常死といった事件と、同じくシャーマン的人格を通して、祟咎・怨恨を表白し神化するという系統の信仰様式」という堀の説明は、説得力があろう。

しかし堀も指摘しているように、現象の上では両者は渾然一体化している事例が多いのである。著名な神社のあり方をみても、表面的には氏神型であっても、霊験や機能の面では、人神型が潜在化しているといえる。町や村の氏神の華やかな練りや山車の原型は、悪霊退散のための神輿渡御であるが、その中心は、強力な霊異をもった人神から発する信仰であり、それが氏神のなかに複合して祭礼として伝承されている。たしかに氏神と人神とを明確に区別することは不可能になっているが、これらは多くの場合、神社神道の枠組のなかでとらえているためである。むしろ民間信仰として民俗神道の枠組において人神型を抽出することに徹底する必要があると思われる。とりわけ、神の出現の仕方の原点に戻って考えていくべきだろう。

神の姿は、本来眼には見えないものとする思考がある。仮に神が具体的に図像化されるとなると、神霊が何かに憑依してはじめて可能となる。その何かとはすなわち依り代なのであり、この際依り代のヴァリエイションが神の具体像をさまざまに生み出しているといえる。そのなかで「人神」と規定される観念を検討してみると、とりわけ子供と女性が媒介することが指摘できる。たとえば祭りに際して、子供が神主に見立てられたり、行列の中心に位置する稚児の姿などが思い浮かぶ。またイタコやゴミソなどシャーマンの姿にもオーバーラップする。両者とも一時的に神霊が憑依した人神とみなされている。「生き神」という場合、生きている人間をそのまま神とみなす信仰と理解されるが、その場合、人が神になって祀られる契機について、客観的な基準が確立していない。ふつうの人間より徳がすぐれているから神とみなされるという事例は、たとえば松平定信のように「我は神なり」と主張して、家臣に自らの木像を祀らせた事例もあるけれど、きわめて特別なケースであった。ただ死後、長時間を経て清まわった後、神になる事例といえば、祖霊崇拝がその典型である。これに対して死後その恨みが残り、祟りを鎮めるために祀られる御霊がある。

祖霊は氏神型に属するが、御霊は人神型に属する。しかし、祖霊も子孫に十分な祭りをうけない場合御霊となり、御霊はその逆に祖霊に祀り上げられるというケースも生じる。したがって、死後人霊が介在する人間との関わりによって、氏神とも御霊とも両者に自由自在に転換させることも可能なのである。

人霊

「人神」の決定的因子は何かという点で、とくに注目されるのは「人霊(ひとだま)」という霊威の発現ではないかと推察されていることである。私たちは、カミと称する表現のほかに、タマとかモノという使用例を知っている。タマは和魂と荒魂とに類別されており、荒魂の方により霊異の強い発現が感じられる。モノについては、モノノケというような威力のある神秘的な力を表現している霊もある。総じてタマやモノの存在が浮遊性・移動性を帯びており、それらの憑依する対象がカミに昇華すると、それが「人神」として威力を発揮するものと理解しておきたい。そうすると、一時的に人神化する現象は当然有り得るわけで、依り代としての稚児や神霊を憑依させたシャーマンが、さまざまな託宣を述べたり、予言することによって、神に崇められるケースが成立するだろう。人が死後、その人霊の居所が定まらず浮遊していると、いわゆる無縁仏とか幽霊となって、この世に出現してくる。その際生前不遇であったり、憤死した人の霊は、死後悪霊と化して、人々にさまざまな災厄を与えるものという信仰については、これをもっともとして端的な人神枠のなかに擬することがあり、それは従来もなされてきた。

御霊が人霊をベースにして「人神」化することにより、信仰が広まっていく事例は、古代の祇園・北野社の縁起などによく示されているが、この信仰形態はつねに再生産される活力ある人霊（生霊・死霊）の活動によって支えられているほかに、それを媒介するヒトの行為に基づいていることは言うまでもない。

祀り棄て

そして活力ある人霊の存在を左右するヒトの行為を、「祀り棄て」という概念でとらえることが可能かも知れない。この「祀り棄て」は「祀り上げ」に対する行為である。はじめ神として、丁重に祀り上げた後、ヒトにとって不必要となり祀らなくなってしまう現象である。一般に氏神型は「祀り上げ」が中心であり「祀り棄て」の状況はない。氏神型の神は、毎年祭りの際に氏子によって大切に祀られている守護霊なのであり、善霊として毎年丁重に祀り上げられている。一方人神型の神は、一時的に、熱狂的に祀り上げられる。しかしある時間の経過があって、人神の機能が祀り手によって不必要と見なされる段階では、あっさりと放置されてしまうのである。つまり霊威が失われたことになるが、そうした構造を次に考えてみたい。

時花神

「祀り棄て」の構造を端的に説明できる民俗神道の現象としてハヤリ神がある。流行したり廃れたりするというのは、文化現象の一般といえるが、ハヤリ神はそれが神仏現象として表出している特徴があり、これまでも関心を集めてきた。ハヤリ神は急速に人気を集め、信者が群参するが、ある期間を過ぎると、パッタリと参詣人が途絶え、そのまま社祠が放置されてしまうという状況をさしている。江戸時代に、これを「時花神」とも記しているが、いかにも花が咲いてパッと散ってしまうことを表現していて面白い。神道のもつ多神教的性格や神々の多彩な機能を論ずる際に、ハヤリ神の問題を抜きにしては語れないのである。

化政期に刊行された万寿亭正二『江戸神仏願懸重宝記』には、当時のハヤリ神となった神々の実態がこまかに記されている。たとえば江戸市内にかかる橋のぎぼしが頭痛に霊験あらたかであるという俗信が盛んであった。京橋、四谷の鮫洲橋、麻布の笄橋などは頭痛のほかに小児の百日咳の願かけに適するとされていた。瘧の神として知られていたのは浅草鳥越橋で、かつての大泥棒である幸坂甚内が捕縛された場所が鳥越橋の真中であり、追われて橋を渡る途中おこりにかかって動けなくなった。そこで甚内は、処刑されるときに、「われは死後に瘧のわづらひある人、我に願ふものは忽平癒なさしめん」という遺言を残したという。そこでそれ以後、瘧に苦しむ者がわざわざ鳥越橋にやって来て、自分の年齢を紙に記して川へ投げこむと病気が治るという霊験が語られるようになったというのである。こうした縁起はきわめて類型的なもので、とくに人が死の直前に発したという言葉が怨念となって残るという御霊信仰にもとづくものといえる。『江戸神仏願懸重宝記』をみると、こうした人霊がカミに祀られているケースが目立っていること、また橋や川という境界地点が祭場になっているという特色が見受けられる。

ホーソー神

ハヤリ神の特徴は「祀り棄て」られるところにある。当初熱狂的に祀り上げられる際には、一つの契機があり、それを客観的にとらえる必要性があろう。ところでハヤリ神化の契機として最大の要因となっているのは、都市の日常生活を脅かす存在、具体的には病気や災害があげられる。病気は行疫神・疫病神がもたらすものである。たとえば疱瘡・はしか・コレラなどの伝染病であり、それらは都市生活にはかならず発生するもので、あっという間に伝染して多くの生命を奪う。したがってこうした悪神を鎮めるハヤリ神が求められるのは必然的なのであった。

疫病神のなかで、「祀り棄て」の対象となったハヤリ神の代表的事例は疱瘡神であり、これは民間信仰に大きな位置を占めている。その実態や性格については、フランスの民俗学者H・O・ロータムントによる体系的研究がある。

疱瘡の恐怖は現在は皆無であるが、いまでも農村や山村地帯にいくと、村々に祀られている小祠のなかに、疱瘡神の祠がよく発見される。ある時期、疱瘡が大流行したときに、小祠として祀られたものである。古老の話では、疱瘡がはやれば、疱瘡神に疱瘡をとってもらうのだといっていた。だから疱瘡が流行すると、小祠に疱瘡神を祀りこめて供物をそなえて拝み、瘡(かさ)をとってくれるよう頼んだのである。

民間の口碑のなかには、疱瘡神が恐ろしく祟る存在であるというモチーフは、ほとんどないといってよい。むしろ疱瘡神の霊験が盛んに喧伝されているところもある。

ホーソー祭り

千葉県松戸市で以前行なわれていた疱瘡祭りは、二月一日であった。子供の母親たちが集まり、夜おそくまで語り合う。疱瘡神の神体は、桟俵の上に赤い御幣をさしたものだが、そのとき、親たちがうたう文句が興味深い。すなわち「こんにちのもがみさま、どっちかのかたから参り来た、安芸の国あきたのこおり、まさばし越えて参り来た／参りきた沖なかに、赤いおんべで乗りくる舟は、何舟よこれこそもがみさまの、お召舟とめえ候／（中略）こんにちのもがみさまに、なんでご馳走いたします、いていりや小豆いでて、それでご馳走いたします（下略）」

すなわちもがみ様つまり疱瘡神が、遠くから（ここでは安芸国）舟にのってやってくるので、丁重にご馳走を出してねぎらおうという意味である。疱瘡のような恐ろしい伝染病をもたらす神であるのに、なぜこれほど崇められているのだろうか。

疱瘡神祭りは、悪病を流行させている疫病神を鎮撫することを目的としている。この病気が起こす高熱のために、病人（主として子供）がうわ言を口走る。その言葉が、神の託宣とみなされる。疫神が依り代としての子供に憑依した現象と理解されていることになる。疱瘡にかかった場合、十二日目に棚上げと称する宴会をもった。病状もちょうど十二日目あたりで軽減しており、疱瘡神の棚もとり片づけられる。棚上げによって、これまで祀ら

疱瘡神の祀り棄て、神奈川県藤沢市

れていた神様が不必要となり、疱瘡神は村から追放される形式となる。ここに神を迎えて祀り上げ、それが終わると神を送り出すという儀礼構造として、この祭りがとらえられることが分かる。一定期間祀り上げられた段階で、さらに送り出すというのはすなわち祀り棄てを表現しているのである。

疱瘡神の起源は、『備後国風土記逸文』の蘇民将来伝説にさかのぼるものだろう。ここでは武塔神を丁重に祀った蘇民将来だけが、悪疫から逃れることができた。外来の悪疫をもたらす神を歓待するならば、疫病にかからないとする祭りの仕方に特徴がある。

疫病神の初見は『続日本紀』宝亀元(七七〇)年六月であり、「祭疫神於京師四隅、畿内十堺」とあるように、京師、畿内の境界において疫神祭りが行なわれていたことを示している。境界で行われていたということは、そこで神迎え・神送りが行なわれたのであり、とりわけ疫病の防禦のためには、境界の地点が要衝となっていた。神送りは、境界の外に送り出すわけで祀り棄てられることを意味しているのである。

祀り棄ては、近世のハヤリ神現象に色濃く表出していることを以前に指摘したが、これは神と人の関係で、人が神を創出するからである。そのなかで疫病神の系譜を引く疱瘡神には、とりわけ高熱によって幼児が意味不明の言葉をはき、そこに神霊の憑依を感ずることによって、人神化した要素が見られた。神送りの行為は、人にとり憑いた悪霊を体内から追放する意味があり、悪霊を人体から遊離させることを目的とする呪法といえよう。それは同時に疫病を終焉させることになり、その場合疱瘡神は不要物として祀り棄てられることによって目的が達成されたのである。こうしたくり返しが広く多様な日本人のカミ観念を助長させることになったといえるのであり、民俗社会におけるハヤリ神の特徴を形成することにもなったのである。

主要参考文献

まず流行神を総括的に考察する上で、示唆の深い文献は、

柳田国男『石神問答』（『定本柳田国男集』一二巻所収）筑摩書房
堀一郎『日本宗教の社会的役割』昭和三十六年　未来社
堀一郎『民間信仰史の諸問題』昭和四十六年　未来社
和歌森太郎『日本風俗史考』昭和四十六年　潮出版社
桜井徳太郎『民間信仰と現代社会』昭和四十六年　評論社

I章に関する文献として、

関敬吾「共同祈願」（柳田国男編『山村生活の研究』所収）昭和十一年　岩波書店
大藤時彦「願ほどき」（『民間伝承』九―八）昭和十八年
柳田国男「橋姫」（『定本柳田国男集』五巻所収）筑摩書房

栃木県教育委員会『古峯原の民俗』　昭和四十四年　同委員会刊
和歌森太郎編『若狭の民俗』　昭和四十三年　吉川弘文館
和歌森太郎編『淡路島の民俗』　昭和四十一年　吉川弘文館

Ⅱ章に関する文献として、
岩崎敏夫『本邦小祠の研究』　昭和三十八年　岩崎博士学位論文出版後援会
喜田貞吉『福神の研究』　昭和十年　日本学術普及会
長沼賢海「えびす考」（『史学雑誌』二七―二）大正五年
草川隆「疱瘡送り」（『日本民俗学』五―二）昭和三十二年

Ⅲ章に関する文献として、
日本仏教研究会編『日本宗教の現世利益』　昭和四十五年　大蔵出版社
矢部善三『神札考』　昭和九年　素人社書屋
文京区史編纂委員会『文京区史』巻二　文京区役所
平山敏治郎「縁日と開帳」（『日本民俗学会報』一四）昭和三十五年

Ⅳ章に関する文献として、
柳田国男「物言ふ魚」（『定本柳田国男集』五巻所収）筑摩書房
能田多代子『能田多代子著作集』昭和四十二年　津軽書房
柳田国男「掛け踊」（『定本柳田国男集』七巻所収）筑摩書房
平山敏治郎「取越正月の研究」（『人文研究』三―一〇）昭和三十六年
藤谷俊雄『おかげまいりとええじゃないか』昭和四十四年　岩波書店
相蘇一弘「ええじゃないか私考」（『大阪市立博物館研究紀要』二）昭和四十四年
安丸良夫、ひろたまさき「世直しの論理の系譜」（『日本史研究』八五・八六）昭和四十一年
日本ミイラ研究グループ編『日本ミイラの研究』昭和四十四年　平凡社
今井善一郎「行人塚考」（『民俗学研究』二）昭和二十六年

Ⅴ章に関する文献として、
石丸元章「人面犬ウワサのネットワーク」（『朝日ジャーナル』三二―一）平成二年
W. J. Aston "Shinto（The way of the Gods）"　安田一郎訳　昭和六十三年　青土社
堀一郎『民間信仰史の諸問題』昭和四十六年　未来社
Hernut O. Rotermund "HOSOGAMI ou la petite vérole Aisemest" 1991 PARIS

西尾正仁　**「疫病神信仰の成立」**

（『民俗宗教』三）平成二年　東京堂出版

流行神関係年表

（数字は月を示す。○でかこんだのは閏月。引用記事は、『増訂武江年表』『町触』『日本随筆大成』などによった。）

西暦	年号	社会的背景と世相	事歴
一六〇三	慶長　八	2 徳川家康、征夷大将軍に補せられる。 この春、畿内に疱瘡が流行。京都洪水。	9 芝愛宕権現勧請さる。
一六〇四	慶長　九	4 関東暴風雨。6 炎旱。 12 東海・東山・南海の諸国に地震・津波。	
一六〇五	慶長一〇	8 関東大風・洪水。	
一六〇六	慶長一一	この春、関東旱天。8 諸国大風雨。	本郷昌清寺三河稲荷、駿河台より移さる。
一六〇七	慶長一二	この年、痘瘡流行。	
一六〇八	慶長一三		
一六〇九	慶長一四	8 近畿大風雨。諸国大雨・洪水。	
一六一〇	慶長一五		芝愛宕権現建立さる。
一六一一	慶長一六	8~10 東北地方に地震と津波。	
一六一二	慶長一七	キリシタン禁令出はじめる。6 江戸にてかぶき者処	

西暦	年号	社会的背景と世相	事歴
		刑さる。	
一六一三	慶長一八	8 西海道諸国大風、被害多し。	6 神田明神はじめて神幸す。
一六一四	慶長一九	8 畿内・東海道・関東大風雨・洪水。 11 大坂冬の陣。	9~10 京畿を中心に風流踊流行す。 駒込富士、本郷より移り、人人群参す。
一六一五	元和　一	5 大坂夏の陣、豊臣家滅びる。 7 禁中並公家諸法度・武家諸法度・諸宗本山本寺諸法度定まる。	3 駿府で伊勢踊流行す。 太田姫稲荷社建立。 小石川白山権現勧請さる。
一六一六	元和　二	麻疹流行。	この頃浅草観音に参る人多し。
一六一七	元和　三	2 家康、東照大権現に祀られる。	
一六一八	元和　四		4 江戸城に東照大権現勧請さる。 8 彗星出現す。 10 彗星出現す。 目白不動再建さる。
一六一九	元和　五	5~8 大旱・凶作。 8 キリシタン処刑される。	夏より冬にかけ毎夜白気出る。

西暦	年号	一般事項	流行神関係事項
一六二〇	元和 六	この秋、近畿風雨・洪水。	彗星東北に出現す。
一六二一	元和 七	2 京都火災、放火連続する。	諸国に伊勢踊流行す。
一六二二	元和 八	京都に盗賊、火災多し。	2 山城・大和に伊勢踊流行す。
一六二三	元和 九	4 かぶき者を禁ずる。 10 キリシタン江戸で火刑。	
一六二四	寛永 一 （2改元）		2 諸国に伊勢踊流行す。 永代島に八幡社勧請さる。 目黒不動再建さる。
一六二五	寛永 二		10 小柄原熊野権現に竜王現わる。
一六二六	寛永 三	4〜8 諸国旱魃。	神田明神に平将門の霊祀られていること人々に知られる。
一六二七	寛永 四	6 武蔵大風雨。 8 東海・南海大洪水。大地震。	
一六二八	寛永 五		1 俗人紀伊国屋、六字の名号を書して、碑を立てる。
一六二九	寛永 六	この春、痘瘡流行す。	6 目黒不動諸願成就にて、

西暦	年号	社会的背景と世相	事歴
一六三〇	寛永　七	1 後水尾天皇、幕府に不満多く譲位す。 6 諸国大雨。洪水地震。 11 キリシタン、ルソンに追放される。	男女群参す。
一六三一	寛永　八	この年、新地寺院建立を禁止さる。 9 畿内より東北にかけて大風雨・洪水。 疥癬・痘瘡流行す。	
一六三二	寛永　九		
一六三三	寛永一〇	1 武蔵・相模大地震。 2 鎖国はじまる。 6〜8 旱天と暴風雨。	
一六三四	寛永一一		3 白雲月を貫く。 8 虫歯の神、おさんの方、霊神となり、信者を集める。
一六三五	寛永一二	5 海外渡航と在外日本人の帰国が禁止さる。京都大風雨。 8 京都・伊勢暴風雨。	7 天赤く焼ける如し。木食但唱上人、高輪如来寺開く。
一六三六	寛永一三	7 米価騰貴。	1 日蝕あり。
一六三七	寛永一四	6 東北地方大洪水。10 天草の乱起こる。	江戸町々に踊流行す。

一六三八	寛永一五		夏より伊勢詣での群衆多し。
一六三九	寛永一六	9 江戸火災。	
一六四〇	寛永一七	この年、宗門改役設置。寺請・宗旨人別改帳を作る。	
		12 江戸大火。	
一六四一	寛永一八	この年、諸国大凶作。	
		1 江戸大火。8 江戸に大風吹く。	8 風流踊流行す。
		秋、米穀類不作。	
一六四二	寛永一九	嘉永飢饉。	
		2 江戸浅草寺焼く。7 米価騰貴。天下大飢饉。	
一六四三	寛永二〇	2 物価騰貴。3 田畑永代売買を禁ずる。	
		飢饉続く。	
	寛永年間		不忍池弁財天建立さる。
			目赤不動尊、世に知られる。
			お竹大日如来、流行り出す。
			泡斎念仏踊、流行る。
一六四四	正保一	8 江戸大雨・洪水。	
一六四五	正保二	12 江戸吉原全焼。	3 月赤く丹の如しという。
一六四六	正保三		
一六四七	正保四	2 江戸大火。5 江戸に大地震。	3 浅草寺縁日に群参す。

西暦	年号	社会的背景と世相	事歴
一六四八	慶安 一		11 箕輪薬王寺後向地蔵建立さる。
一六四九	慶安 二	2 慶安御触書出る。 6 江戸大地震。 麻疹流行す。	谷中延命院に七面宮勧請さる。
一六五〇	慶安 三	3 江戸に大地震。 5 諸国に洪水。	伊勢参宮の者多し。 諸国に毛降る。
一六五一	慶安 四	7 慶安の乱。 10 関東大風雨。	
一六五二	承応 一	1 かぶき者を追捕する。 9 別木庄左衛門らの老中暗殺計画露顕す。 この年、若狭国に一揆起こる。 この年、佐倉騒動が起こったと伝えらる。	
一六五三	承応 二		1 お菊の御霊祟ると伝えらる。
一六五四	承応 三	7~8 西国に大風雨あり。	浅草観音の開帳で人々群参す。
	承応年間		稲毛領丸子村羽黒権現流行す。
一六五五	明暦 一	8 東海大風雨。	

一六五六	明暦 二	10 江戸に大火。	1 赤雲西に出る。 浅草仁王尊流行り出す。
一六五七	明暦 三	1 江戸明暦の大火あり。米価騰貴。	
一六五八	万治 一	この年、凶作。 1 江戸大火。8 近畿大風雨・洪水。	1 市谷安養寺に稲荷が勧請さる。 9 隠元江戸に来り、人々群参す。 吉原の九郎助稲荷流行り出す。
一六五九	万治 二	1~3 江戸に火災連続し、人心不安となる。 7 江戸大風雨	
一六六〇	万治 三	1 江戸大火。7 京都・伊勢大風雨。9 諸国大風雨。	本所回向院建立さる。
	万治年間		日比谷稲荷勧請さる。
一六六一	寛文 一	1 江戸大火。 3 関東と甲斐の九カ国に野盗追捕令出る。 秋、豊作という。	1 光物南より北へとぶ。 2 伊勢詣で盛んとなる。
一六六二	寛文 二	3 江戸に地震。5 京畿に大地震。 8 関東農村に強盗徘徊す。	5 日月赤き事紅の如しという。 10 出家・山伏の町中に屋敷を構えることを禁ず。

西暦	年号	社会的背景と世相	事歴
一六六三	寛文　三	4〜7　旱天。	6　熊谷安左ェ門稲荷勧請さる。
一六六四	寛文　四		
一六六五	寛文　五		7　諸社禰宜神主法度出る。新義異宗禁じらる。 11　行人願人の宗教活動の抑制。念仏講題目講禁じらる。
一六六六	寛文　六	4〜6　水戸地方大洪水。	3　人形のごとき光物東方に飛ぶ。
一六六七	寛文　七		6　流行正月行なわる。 10　目黒直指院木食場誉往生し、人々群参す。同じく、弟子如西も死後疫病払わんとして入定す。
一六六八	寛文　八	2　江戸大火数度に及ぶ。 夏、諸国旱天。	1　乾の方より巽の方に白気立つ。 2　日輪二つ出るごとく見え

			るという。飯塚の土中より夕顔観音出現。開帳群参この頃より盛んとなる。
一六六九	寛文　九	7～9 諸国に大雨。 8 大地震。	3 流星東に行く。
一六七〇	寛文一〇	8 江戸大風。	5 江戸に炭のごとき物降る。
一六七一	寛文一一	1 京都大火。 8 江戸大風雨。	12 灰降る。
一六七二	寛文一二		
一六七三	延宝　一 9火災により改元	5 京都大火。	
一六七四	延宝　二	4 京都大風雨。	2 空中に黒雲たなびく。
一六七五	延宝　三	この年、諸国風水害、凶作。 諸民窮乏する。天下飢饉。	
一六七六	延宝　四	5 京都・大坂・関東洪水。 12 江戸大火。	
一六七七	延宝　五	10 東国より陸奥まで地震と津波。	この秋・冬江戸市中に巳の年踊流行す。鬼子母神流行す。
一六七八	延宝　六	8～9 西国大風雨・洪水。	

西暦	年号	社会的背景と世相	事歴
一六七九	延宝　七	5　江戸大火。	
一六八〇	延宝　八	8　江戸大風雨。 この年、畿内・関東大飢饉で米価騰貴。	4　日輪赤きこと朱のごとしという。 11　天空に白気かかる。 永代橋八幡宮に群参す。
	延宝年間		
一六八一	天和　一 9辛酉革令につき改元	諸国飢饉。	
一六八二	天和　二	12　江戸大火。 この年、畿内・中国に飢饉。	
一六八三	天和　三	1　江戸大雨・洪水。 夏、江戸旱天。	
一六八四	貞享　一 2甲子革令につき改元		
一六八五	貞享　二		2　流星東南より西北へ飛ぶ。

一六八六	貞享　三		
一六八七	貞享　四	1　生類憐みの令出さる。	三田実相寺に貞女塚祀られる。
	貞享年間	江戸に洪水。	駒込大観音造立さる。
一六八八	元禄　一		
一六八九	元禄　二	1　市中で左義長を焼くことを禁じらる。	1　老人星現われ吉瑞となす。
一六九〇	元禄　三	8　京・大坂に雷電・大風雨。12　京都大火。	4　不忍池に空無上人、道俗を集める。
一六九一	元禄　四	4　日蓮宗不受不施派禁じらる。麻疹流行す。	江戸に六地蔵流行り出す。
一六九二	元禄　五	5　新地寺院建立を禁止する。富突講・百人講禁止さる。	夏に疫病流行するという妖言を言い触らす者あり。
一六九三	元禄　六	天下旱魃。	三囲稲荷で雨乞いあり。
一六九四	元禄　七		10　念仏講・題目講禁じらる。
一六九五	元禄　八	2　江戸大火。	
一六九六	元禄　九	3～7　諸国飢饉。	
一六九七	元禄一〇	10　関東大地震、江戸大火。	飯田町世継稲荷再建さる。
一六九八	元禄一一	9～12　江戸大火。	
一六九九	元禄一二	4　虫害あり、麦・茶を荒す。	
一七〇〇	元禄一三		

西暦	年号	社会的背景と世相	事歴
一七〇一	元禄一四	6 京都大洪水。	1 永代橋の傍に女の首を祀る地神あり、遊女高尾の祠といい、参詣人多し。 春より葛西夕顔観音に群参多し。
一七〇二	元禄一五	12 浅野家の遺臣、吉良家を襲撃。	4 高田水稲荷の霊験あり、群参多し。
一七〇三	元禄一六	1 関東大地震。江戸大火。	7 辻踊禁じらる。 三囲稲荷の狐有名となる。 11 回向院一言観音流行り出す。
	元禄年間		雑司ケ谷鬼子母神へ群参多し。 江の島弁財天の霊験世に知られる。 葛西三十三所観音札所できる。
一七〇四	宝永一 3地震により改元	1 富突講禁止さる。 1~3 浅野山大噴火す。 4 出羽大地震。1~7 地震連続す。7 諸国洪水。	

西暦	和暦	事項	流行神関係
一七〇五	宝永 二	この年、女巡礼、念仏講禁じらる。	2～8 伊勢お蔭参りはなはだし。
一七〇六	宝永 三	1 江戸大火。	
一七〇七	宝永 四	10 南海・東海大地震。11 富士山大噴火。諸国地震につき物価騰貴す。	7 根津権現再興す。
一七〇八	宝永 五	3 京都大火。7 京畿大風雨・大洪水。この秋、麻疹全国に流行す。12 大坂大火。	① 武蔵・相模・三河に砂降る。5 深川の沙門地蔵を六所に安置す。
一七〇九	宝永 六	1 綱吉麻疹で没す。12 東山上皇疱瘡で没す。	
一七一〇	宝永 七		南部領の閻魔江戸にて流行り出す。
	宝永年間		駒込富士の縁日に疫病除けの麦藁蛇売り出される。
一七一一	正徳 一	1 江戸大火。7 東海道、九州大風雨。	
一七一二	正徳 二	3 宿駅・助郷の救済をはかる。	

西暦	年号	社会的背景と世相	事歴
一七一三	正徳 三	7~9 諸国長雨・洪水。 3 京都大火。⑤ 開帳の華美を禁ずる。	5 旗雲現われる。
一七一四	正徳 四		9 宝永の天下祭行なわる。 11 光物飛ぶ。
一七一五	正徳 五		正徳年間、小石川瘡守稲荷奇瑞あり。
一七一六	享保 一 6変異により改元	1 江戸に大火続く。	
一七一七	享保 二		6 駒込富士権現へ参詣者が増加す。
一七一八	享保 三		春より伊勢参宮すること多し。 2 深川本誓寺鼻欠地蔵流行り出す。
一七一九	享保 四	3 江戸大火、家光廟消失。	
一七二〇	享保 五	7 江戸大風雨・諸国洪水。	
一七二一	享保 六	12 江戸大火。	10 湯島の町人、六所に地蔵を建つ。

一七二二	享保　七	4 田畑の質流しを禁ず。 7 新田開発の奨励。	
一七二三	享保　八		
一七二四	享保　九	2 米価下落はじまる。	6 天より、白毛降る。
一七二五	享保一〇	2 江戸大火。	
一七二六	享保一一	この年、五穀豊饒なり。	
一七二七	享保一二	11 諸国で新規神事。仏事を行なうことを禁ず。	3 光物とぶ。 6 阿波大杉明神飛来し、群参はなはだし。
一七二八	享保一三	9 関東水害。	江戸の大水で鯰出現す。
一七二九	享保一四		
一七三〇	享保一五	6 京都大火。 8 感冒流行す。江戸に大雨。 10 麻疹流行す。 11 鍋かぶりという病気流行す。 12 天皇と法皇麻疹にかかる。	
一七三一	享保一六	2 米価下落につき、倹約令出る。 4 江戸大火。	
一七三二	享保一七	この年、西日本に蝗害はなはだし。飢饉と疫癘つづく。 3 江戸大火。諸国に疫病流行す。 10 関東地方は豊作。	
一七三三	享保一八	1 田畑の虫を焼かせる。米価騰貴、江戸の高間伝兵	6 富士行者身禄、富士山頂

西暦	年号	社会的背景と世相	事歴
		衛打ちこわしにあう。	に入定す。
一七三四	享保一九		7 諸国に疫神送り行なわれる。
一七三五	享保二〇	7 江戸に竜巻起こる。米価下落続く。関東豊作。	秋、深川八幡に祇敬霊神祀られる。
	享保年間		金比羅権現流行す。葛西半田稲荷、平井聖天宮へ群参多し。
一七三六	元文一		
一七三七	元文二		
一七三八	元文三		8 光物とぶ。
一七三九	元文四		
一七四〇	元文五		
一七四一	寛保一		
一七四二	寛保二	8 江戸をはじめ関東大水害。9 富士講禁止さる。	
一七四三	寛保三		
一七四四	延享一	1 痘瘡流行す。	9 痔の神、秋山自雲霊神流

	2 甲子による改元		行し出す。
一七四五	延享 二		
一七四六	延享 三	2 江戸大火。	真先稲荷流行り出す。 谷中笠森稲荷流行り出す。
一七四七	延享 四		
一七四八	寛延 一		
一七四九	寛延 二	7〜8 江戸大風雨・洪水。	8 光物とぶ。 江の島弁財天への群参多し。
一七五〇	寛延 三	5 関東に雹害はなはだし。	
	寛延年間		開帳に幟を立てることはじまる。
一七五一	宝暦 一	2 京都大地震。4 越後高田大地震。	
一七五二	宝暦 二		7 墨田川に大鳥が出現す。 8 永代橋北の方に泣声聞ゆ。
一七五三	宝暦 三	1 江戸に大雪と地震。 米価下落、武士層困窮す。 4〜9 麻疹流行す。	開帳講中盛んに作らる。

西暦	年号	社会的背景と世相	事歴
一七五四	宝暦　四		
一七五五	宝暦　五	この年、奥羽凶作。冬、米価騰貴。**3** たびたび火災あり。	江の島弁財天群参多し。
一七五六	宝暦　六	**9** 近畿・東海大洪水。米価いよいよ高まる。**11** 江戸大火。	**4** 下総古河に弘法大師の霊験ありと聞こえ、群参多し。
一七五七	宝暦　七	**4** 東海道洪水。この夏、東国各地に水害。江戸の米価騰貴す。	真先稲荷流行り出す。
一七五八	宝暦　八	**7** 宝暦事件起こる。	
一七五九	宝暦　九	**2** 江戸に火災多し。**4** 祭礼の奢侈を禁ず。**9** 今弘法といわれる法忍和尚没す。	秋、白隠禅師の説経に諸国より群参す。この年、流行正月行なわる。
一七六〇	宝暦一〇	**2** 江戸連日火災あり。	
一七六一	宝暦一一	米価下落す。	江の島弁財天、江戸より参詣多し。
一七六二	宝暦一二		
一七六三	宝暦一三		

西暦	和暦	事項	流行神関係
	宝暦年間		日暮里笠森稲荷勧請す。江戸に弘法大師八十八所できる。矢田口新田社への群参多し。夫婦石の信仰流行す。
一七六四	明和 一	2 江戸大火。	6 大久保家下屋敷内の稲荷社流行り出す。
一七六五	明和 二	7 近畿洪水・津波。9 長雨。	8 芝浦に巨魚上る。
一七六六	明和 三	1〜2 弘前に地震連続。2 江戸大火。7 江戸洪水。	
一七六七	明和 四	3 関東・甲斐に不良の徒横行。5 江戸大火。	江の島弁財天への群参多し。
一七六八	明和 五	4 江戸大火。6 江戸大雨	2 お蔵門徒弾圧さる。4 大火にかかわらず九郎助稲荷のみ焼け残り、人々参詣す。
一七六九	明和 六	関西農民の強訴相つぐ。一揆連続して起こり弾圧つづく。1〜3 京畿諸国に疫病流行。8 江戸大火。9〜10 江戸に感冒流行す。	7〜8 彗星現わる。

西暦	年号	社会的背景と世相	事歴
一七七〇	明和 七	4 徒党、強訴・逃散を厳重に取締まる。5~8 旱魃につき、諸国凶作となる。稲に虫がつき、虫害多し。	7・7 夜乾の方赤きこと丹の如し。
一七七一	明和 八	2 江戸大火。5 強訴の指導者を厳重に処罰することを命ず。炎旱続き、農民困窮す。6 江戸に大地震。8 大風吹く。	3 伊勢御蔭参り、群参はなはだし。5 光物とぶ。9 神田明神祭礼延引さる。
一七七二	安永 一 11 大火・大風により改元	2 江戸に明暦以降最大の大火あり。4 諸国疫病流行す。8 京都大風。	2 江戸に天火とぶ。
一七七三	安永 二	3 天皇疱瘡となる。江戸中に疫病広まる。4 諸国に疫病流行す。諸物の物価上がる。	4 江の島弁財天群参多し。
一七七四	安永 三	3 江戸大火。6 京都・大坂・江戸に大風雨。	6 福聚院大黒天流行り出す。甲子参りはじまる。
一七七五	安永 四		浅草寺因果地蔵流行り出す。
一七七六	安永 五	2 感冒流行す。3 諸国麻疹流行す。	

一七七七	安永　六	12 大坂大火。	4 伏見稲荷の祭礼華美をつくす。8 相州小田原海中に大魚来る。
一七七八	安永　七	2 江戸大火。7 京都大雷雨、山崩れ。	この年六月流行正月行なわる。6 善光寺弥陀如来開帳、大群衆を集める。7 善光寺如来の奇蹟にて菩提樹の実降るという。
一七七九	安永　八	8 東国に風水害あり。江戸洪水。	4~7 江の島弁財天への群参はなはだし。10 灰雪のごとく降る。葛飾柴又の帝釈天流行り出す。
一七八〇	安永　九	6 関東洪水。7 米価騰貴。	5 高田富士完成す。6 真杉霊神祀られる。7 金銀星現われるとの評判あり。
	安永年間		奥山の三途川姥流行り出す。真先稲荷のおいで狐流行り出

西暦	年号	社会的背景と世相	事歴
一七八一	天明 一	1 府内火災多し。秋、関東洪水。	す。 3 浅草三社権現祭礼復興す。
一七八二	天明 二	春より夏まで長雨。諸国洪水。 7 小田原大地震。	
一七八三	天明 三	飢饉のために一揆、諸国に簇出す。関東、東北に凶作はなはだし。 2 江戸大地震。 6 江戸大雨・洪水。 7 浅間山大噴火。	7 葛西半田稲荷の勧化盛んとなる。
一七八四	天明 四	この年、夏秋、米価騰貴はなはだし。 5 悪疫流行す。死者多し。 12 江戸大火。	1 彗星坤の方に現わる。 2 烏森稲荷祭礼賑やかに行なわる。
一七八五	天明 五	凶作なお続く。	
一七八六	天明 六	1 江戸大火。 2 相州箱根大地震。 7 江戸に開府以来の大洪水あり。この年大凶作。一揆相次ぐ。	3 江の島弁財天、群参多し。青山権太原の安鎮大権現への参詣きわめて多し。
一七八七	天明 七	5 大坂・江戸各地に飢饉・米価騰貴のための打ちこわし簇出。	碑文谷法華寺の仁王尊へ願か

		春以来依然米価高し。	けに群参する者多し。 **9** 井戸水に毒ありという流言広まる。
一七八八	天明　八	**1** 京都大火。**8** 農民に倹素勧農を命ず。 **10** 僧侶の風俗頽廃を戒諭す。	**4** 光物とぶ。 **12** 各寺院にて、浅間山焼火・飢饉・疫病・洪水・大火の禍にかかった者のために施餓鬼が修せらる。 この頃、行者木魚をたたき、光明真言を唱える者多し。
一七八九	寛政　一	米穀豊穣。	**2** 甘露降る。 **12** ふたたび甘露降る。 深川法乗院の不動流行り出す。
一七九〇	寛政　二	**2** 物価騰貴抑制を命ず。**6** 信濃松本に地震。 **8** 江戸大風雨。**11** 江戸大地震。	**3** 下谷稲荷祭礼賑やかに行なわる。**12** 甘露降る。
一七九一	寛政　三	**8～9** 関東豪雨。小田原・江戸に高潮あり。	**8** 麻布氷川明神祭礼賑やかに行なわる。 神田明神祭礼賑やかに行なわる。

西暦	年号	社会的背景と世相	事歴
一七九二	寛政　四	7 江戸大火。 11 諸大名に異国船取扱令を出す。	12 各寺院で水死人施餓鬼あり。 2 芝日比谷稲荷祭礼賑やかに行なわる。6 光物東北へとぶ。
一七九三	寛政　五	1 関東地震。 3 諸大名に海岸防備令を発する。10 江戸大火。	7 白毛降る。川口善光寺如来へ群参多し。
一七九四	寛政　六	1 江戸大火。7 江戸不忍池に竜巻起こる。 11 江戸大地震。	
一七九五	寛政　七	1 江戸大火。8 不受不施派取り締まらる。 この秋、米価騰貴。	8 深川八幡祭礼賑やかに行なわる。9 青山熊野権現祭賑やかに行なわる。
一七九六	寛政　八		
一七九七	寛政　九	10 江戸大火。	2 江の島弁財天へ参詣者多し。 7 水中より得た木像、旭天神と称し流行る。
一七九八	寛政一〇		10 11 星多くとぶ。

西暦	和暦	社会事件	流行神関係
一七九九	寛政一一	1 江戸大火。 11 米価騰貴のため、江戸・大坂に打ちこわし起こる。	2 三囲稲荷へ群参多し。 5 練馬長命寺三内の木のこぶ人面となって現われ参詣人を集む。 8 青山の比丘尼、処刑者の首を集めて供養す。 この年より富士女人登拝許さる。
一八〇〇	寛政一二	1 江戸大火。京都愛宕山大火。	6 江戸板橋にて奇魚を得る。
一八〇一	享和　一		9 小石川白山権現祭礼賑やかに行なわる。
一八〇二	享和　二	1 江戸大火。連日火災多し。 2〜4 諸国に感冒流行す。	5 西より東へ赤雲たなびく。
一八〇三	享和　三	1 江戸に降雨なく火災多し。 5〜6 麻疹流行す。	2 浅草田圃立花家下屋敷の太郎稲荷への群参はなはだし。
一八〇四	文化　一	6 江戸に大雨と竜巻あり。 諸国豊熟という。	2 初午に大人の歌舞を禁ず。 白き旗雲出る。
一八〇五	文化　二	この年、豊作。 6〜7 江戸旱魃。	6 生麦村に人骨多く出て群参多し。
一八〇六	文化　三	3 江戸大火。6 関東大雨。	3 天火西南より東北へとぶ。

西暦	年号	社会的背景と世相	事歴
一八〇七	文化 四	この年、米穀豊穣。 5 畿内洪水。 8 江戸深川八幡祭礼に永代橋落ち、死者多し。	2 光物とぶ。幸手不動尊開帳につき、講中はじめ参詣多し。 6 平井村百姓、川より日蓮上人像を得る。 8 西方に彗星出る。 9 北東より光物とぶ。
一八〇八	文化 五	6 江戸周辺長雨・洪水。米価騰貴。 8 フェートン号事件発生。江戸諸国洪水。	⑥ 回向院にて小はだ小平次の御霊を弔い、参詣人多し。 8 回向院にて永代橋水死の一周忌あり。
一八〇九	文化 六	1 江戸大火・烈風吹く。 8 江戸大風雨。この年、諸国豊作。	4 江の島弁財天へ群参多し。
一八一〇	文化 七	この年、豊作。	
一八一一	文化 八	2 江戸大火。	
一八一二	文化 九	この年、豊作。 11 江戸大火。	

一八一三	文化一〇	2 江戸大火。11 江戸大火。米価下落。	11 光物とぶ。
一八一四	文化一一	1 江戸大風。4～7 江戸・諸国大旱魃。	3 永代寺にて成田不動開帳、群参はなはだし。4～7 流行正月行なわる。7 徳本上人伝通院に来たり、参詣人多く集む。
一八一五	文化一二		4 江の島弁財天へ群参多し。
一八一六	文化一三	4～8 江戸疫病流行す。8 畿内・東海風雨、洪水。8 江戸大雨・洪水。	
一八一七	文化一四	1 江戸大火。5～7 諸国大旱。	11 光物とぶ。
	文化年間		四万六千日にとうもろこしを雷除けとして売る。目黒富士作らる。和合神の書像流行り出す。叶福助の人形流行り出す。砂村玉地稲荷社流行り出す。

西暦	年号	社会的背景と世相	事歴
一八一八	文政　一	5 イギリス船浦賀へ来る。10 江戸大火。 この年、米穀豊穣。	
一八一九	文政　二	7 米価下落、物価騰貴。 夏よりコロリ流行る。 12 江戸大火。	コロリ除けの守札盛んに出る。 2 小田原の木食観正、湯島円満寺に人を集む。
一八二〇	文政　三	9 江戸に大風雨。	3・24 この日、庚辰年庚辰月庚辰日に当たる。年徳神盛んに祀られる。 6 信州善光寺如来開帳に群参す。 8 麻布氷川明神祭礼再興す。 9 光物とぶ。
一八二一	文政　四	1 江戸大火。 2 江戸感冒大流行す。 春より、夏大旱。米価騰貴。	
一八二二	文政　五	12 江戸大火。	王子稲荷社再興す。春よりカンカン踊流行る。秋、笑布袋流行る。

西暦	和暦	世相	流行神
一八二三	文政　六	5 関東洪水。12 江戸大火。	9 小石川赤城明神祭礼賑やかに行なわる。 10 光物とぶ。 12 卯辰の方に彗星現わる。
一八二四	文政　七	春より麻疹流行。感冒も流行。 2 江戸大火相次ぐ。7〜8 大風雨と関東洪水。	2 江戸に大火あり、との妖言広まる。 8 牛の如き怪獣空中を飛行す。 9 赤城明神、千住天王祭礼に、獅子頭が出る。
一八二五	文政　八	春より秋にかけ長雨。秋より冬にかけ疱瘡流行す。	8 東南に彗星現わる。
一八二六	文政　九	春、度々地震あり。 4〜5 江戸市中夜分不穏となる。	
一八二七	文政一〇		春より夏にかけ江の島弁財天群参多し。
一八二八	文政一一	6 全国的に水害あり。11 越後に地震あり。 12 シーボルト事件起こる。	下谷小野照崎に富士できる。
一八二九	文政一二	3 江戸強風のため大火。	6 焼死人念仏修行あり。
	文政年間		江戸各地に人造富士できる。

西暦	年号	社会的背景と世相	事歴
一八三〇	天保一	7 京都大地震。	富士講盛んとなる。豊川稲荷、水天宮、大聖院不動、深川上行菩薩、川越箭弓稲荷、新井薬師などいっせいに流行り出す。③ 伊勢御蔭参り流行り出す。千社札を貼ること流行す。
一八三一	天保二		
一八三二	天保三	3 江戸市中物騒となる。この年、諸国凶作。	
一八三三	天保四	7 米価騰貴はなはだし。9 江戸に打ちこわし簇出す。この年、飢饉のため、一揆、打ちこわし頻出す。	3 江の島弁財天へ群参多し。夏、川辺霊神流行り出す。
一八三四	天保五	2 江戸大火。6 大坂に打ちこわし。夏、米作直り、冬、米価下がる。	
一八三五	天保六	1 江戸大火。6 関東・陸奥に地震。各地に一揆起こる。	
一八三六	天保七	7 麻疹流行。諸国長雨にて洪水。	

西暦	和暦	事項	流行神関係
一八三七	天保　八	この年、諸国凶作。米価騰貴、飢饉。各地に一揆、打ちこわし連続す。**2** 大塩平八郎の乱起こる。**3** 大坂の物価暴騰す。**6** アメリカ船モリソン号浦賀へ来る。疫病流行る。	
一八三八	天保　九	**4** 江戸大火。**5** 江戸に奢侈禁止令出る。	**10** 湯島戸隠明神祭礼賑やかに行なわる。
一八三九	天保一〇	**3** 江戸に大風・大火。	この春、京都に豊年踊流行す。江の島弁財天へ群参多し。
一八四〇	天保一一	**1** 江戸府内で爆竹を禁ずる。	**8** 縁日の市を規制する。
一八四一	天保一二	**3** おかま踊・稲荷踊を禁ず。職人の太子講を禁ず。	
一八四二	天保一三	**3** 江戸大火。**5** 物価引下げを命ず。**2** 木魚講・富士講を禁ず。夏から秋にかけ旱天。	行徳辺りに弘法大師の霊験ありという。
一八四三	天保一四	**2** 地震。**12** 江戸大火。	**2** 毎夜白虹現わる。**5** 市中の巫覡修験を一カ所に集め住まわせる。
	天保年間		日本橋翁稲荷流行り出す。四

西暦	年号	社会的背景と世相	事歴
一八四四	弘化　一	7　江戸大火。	谷正受院の奪衣婆流行る。
一八四五	弘化　二	1　江戸大火。	
一八四六	弘化　三	3〜7　アメリカ・イギリスの船次々と来日する。 1　江戸大火。6　諸国長雨。8　江戸水害はなはだし。	
一八四七	弘化　四	⑤　アメリカ船、浦賀へ来て通商を求む。 3　信濃・越後大地震。	
	弘化年間		谷中妙法善神流行り出す。
一八四八	嘉永　一	2　江戸大火。6　旱天。	4　江戸へ遊行上人来たる。
一八四九	嘉永　二	3　アメリカ軍艦長崎へ、イギリス軍艦浦賀へ来る。 この年、外国船しばしば出没し打払いの世論高まる。 7　関東洪水。8　江戸大火。	四谷正受院の奪衣婆へ群参多し。 9　富士講弾圧を受ける。9　浅草寺荒沢不動客人権現への群参多し。
一八五〇	嘉永　三	2　江戸大火。8　江戸に大雨・大雷。 秋、米価騰貴。 12　感冒流行る。	10　徳本上人三十三回忌、群参多し。

一八五一	嘉永 四	3 米価騰貴。4 江戸市中に盗賊多し、大火あり。春より夏にかけ長雨、疫病流行る。	江の島弁財天群参多し。5 三州矢矧天満宮開帳に際し、木魚講多数集まり、開帳は中止さる。7 瓦町長寿寺、土中より歓喜天を得て、流行り出す。秋、佐倉の惣五郎霊神へ参る者多し。
一八五二	嘉永 五	1 雨降らず火災頻発。7 京都地方をはじめ暴風雨。	1 光物とぶ。
一八五三	嘉永 六	2 関東大地震。6 ペリー浦賀へ来航、江戸市民動揺す。7 ロシア使節プチャーチン長崎へ来る。	4 浅草新堀より得た鯉魚を祀る者多し。5 勢州国分の阿弥陀如来開帳に際し、講中多数集まる。黒船来航とともに開帳。7 戌の方に彗星現わる。国府の阿弥陀如来、剣難除けの守札を出して、再三開帳す。
一八五四	安政 一	3 神奈川条約成る。5 下田条約調印さる。6 柏木淀橋の火薬工場爆発す。7〜8 イギリス軍	7 はやり神あることの予言あり。

西暦	年号	社会的背景と世相	事歴
		艦長崎に来る。日英和親条約成る。 **12** 日露和親条約締結す。江戸大火。	**8** 外神田大久保家の儀助稲荷、宝珠稲荷、子安稲荷流行り出す。
一八五五	安政 二	**1～2** 江戸大火。 **10** 江戸に安政大地震。市中大火となる。	**2** 浅草観音の開帳、群参はなはだし。 **7** 白気現わる。 **11** 大地震の死者のため施餓鬼行なわれ参詣人多し。鯰絵多く出まわる。 **12** 越州高田の松平家の観音に参詣する者多し。
一八五六	安政 三	**2** 江戸に大風・大火。 **7** アメリカ総領事ハリス下田に上陸す。 **8** 江戸・東海・東山諸国大暴風雨。	**2** 上野護国院にて念仏会あり、群参多し。 **3** 成田不動の開帳につき、群参多し。夏、芝仙台侯屋敷の塩釜明神へ参る者多し。 **9** 各地寺院にて安政大地震の死者のために施餓鬼行なわる。
一八五七	安政 四	**2** 江戸感冒流行す。 **5** 下田協約を締結す。	**7** 甲州身延山七面宮開帳に

		10 江戸に大火。 この冬、火災少なく穏やかなり。	際し、講中の群参多し。10 湯島天神祭礼賑やかに行なわる。
一八五八	安政 五	2 江戸大火、米価騰貴。4 井伊直弼大老となる。 6 日米修好条約に調印す。7 天皇調印に反対し譲位を望む。 8〜9 江戸にコレラ大流行。 9 江戸市中、米価騰貴、疫病流行。東海その他各地疲弊はなはだし。	この年大山詣りの者少なし。 コレラ流行につき、獅子頭の渡御。三峯の小祠を作ること流行す。豆まき、門松を立てることなど多し。 9 彗星現わる。 12 本所篠塚地蔵流行り出す。
一八五九	安政 六	2 江戸大火。 7 コレラ流行す。 この年、志士の活躍盛んで世情動揺す。 9〜10 眼病患う者多し。	2 初午祭盛んに行なわる。 4 高野山木食諦念、病人加持で多くの参詣人を集む。 両国大徳院にて弘法大師の加持あり群集多し。 10 湯島天神祭礼賑やかに行なわる。
一八六〇	万延 一	3 桜田門外の変。江戸市中の見回り厳重となる。 ③ 麻疹流行。	3 浅草観音開帳に群参多し。 4〜8 富士庚申縁年にて登

西暦	年号	社会的背景と世相	事歴
		7 江戸大風雨。8 江戸大風・大火。	山者多し。5 駒込富士群参多し。
一八六一	文久 一 2革令により改元	1 江戸大火。春より物価騰貴。5〜6 炎旱続く。11 和宮降嫁。浮浪者関東を横行す。	5 異星現わる。
一八六二	文久 二	1 江戸に火災しばしば起こる。4 麻疹大流行。江戸物価騰貴。攘夷の世論高まる。辻斬多し。	5 遊行上人、江戸に来て群集を集む。相州大山詣で少なし。麻疹流行につき獅子頭を渡御さす。7 光物とぶ。この時期開帳に群参なし。⑧ 芝神明、流行病除けのため花万度を出す。人々群参す。
一八六三	文久 三	3 入京する大名、浪士多く物情騒然。4 江戸市中浪人徘徊し人心不安定。6 江戸に大火。アメリカ・フランス軍艦、下関攻撃。	1 赤坂黒田家の天満宮に参詣人多し。6 渋谷千代田稲荷流行り出

西暦	年号	一般事項	流行神関係
		7 イギリスと薩摩とが交戦。8 天誅組の乱起きる。物価騰貴。10~11 浪士の横行ますます高まる。	す。7 異星現わる。
一八六四	元治 一 2革令の運により改元	1~3 江戸大火連続す。3 天狗党の乱起こる。5 尊攘派による天誅事件簇出す。8 第一回長州征伐あり。関東暴風雨、水害多し。	2 初午祭延引さる。10 湯島天神祭礼賑やかに行なわる。12 本所永井家の示教稲荷流行り出す。高田感通寺に筆硯大明神流行る。
一八六五	慶応 一	3 物価抑制をはかる。9 第二回長州征伐あり。12 江戸大火。	6 奥州金華山弁財天開帳あり、群参はなはだし。11 雑司ケ谷鬼子母神酉祭はじまる。
一八六六	慶応 二	4 江戸大火。5 各地に物価騰貴による暴動頻発す。9 江戸に打ちこわし。11 江戸大火。この年、風水害、諸国凶作、米価騰貴、各地に一揆。	
一八六七	慶応 三	1 江戸大火。4 米価暴騰。10 大政奉還の建白により、将軍慶喜上奏す。12 王政復古の令出る。	初午稲荷祭延引さる。9 浅草田圃の太郎稲荷ふたたび流行り出し、群参多し。

西暦	年号	社会的背景と世相	事歴
			冬の頃夜中にお札降ることあり。

文庫版あとがき

今から二十数年前、東京教育大学大学院での西山松之助先生のゼミのテキストが『甲子夜話』であり、毎回輪読してそのインデックスをつくるのが楽しみであった。その頃古本屋からボロボロの『日本随筆大成』一期・二期本を一括購入してそれを閑なときを見計いながら、面白そうな箇所をカードに写して行く。犬も歩けば棒に当る式で、全くアトランダムに頁を開いていくと、次々と興味津々とした奇事異聞が拾い読みできる。今で言う「都市伝説」の類が、その時点ではっきり問題意識をもっていれば、早くに収集、分類できていただろうに、そして最近のアメリカ民俗学の動向に左右されてあわてて気付くといった状態にならないで済んだろうにと悔まれる。

それでも、江戸をはじめ、全国の都市やその周辺の町場で、神仏がどういう契機か突然流行り出すという記事が余りにも多くあり、それに関するカードが自然に集積する結果となった。私自身の好みからも、大寺院や有名大社、大教団などのセクトを背景とする宗教現象よりも、道傍にポツネンと置かれる無名の小祠の存在に心惹かれることもあって、わけの分らないお堂や祠が、にわかに人気を集め、熱狂的な参詣があるという、「流行神」の有様は、何とも無視できないのである。はやる神仏は、別に「時花神」とも「ハヤリ神」とも書かれており、これらは江戸の世相を色どっていた。

たまたま笠原一男先生のおすすめもあって評論社の「日本人の思想と行動」のシリーズに加えていただいたが、その時点ですでに上梓していた『ミロク信仰の研究』や『生き神信仰』と三点セットをとりながら、日本の民俗宗教の全体像をとらえる手がかりにしたいという志向があったのである。

本書でとり上げた流行神関係の資料が比較的江戸時代に集中していたため、それらを近世という時代枠組にはめこんでしまったようであるが、その実態は、日常的な生活事実なのであって現代の宗教社会のなかにもつねに顕在化している。およそファッションのように神仏への信仰がはやったりすたったりする状況は、通文化的な事実であり、最近の関一敏著『聖母の出現』(日本エディタースクール出版部)にも著わされているようなフォーク・カトリシズムの現象にも通じているといえよう。うわさはうわさをよんで、次第に信仰的事実に定着する。そのプロセスを柳田国男は「ひっきょう不可思議な心理」と記した。約二〇年前に、そのような宗教現象にふりまわされて、十分に深化できぬままに一書としてまとめ上げたのであるが、今もそのことには余り変化はない。現代にもハヤリ神は依然として、泡沫のように浮かんでは消えてまた流行り出している。もっとも現代は江戸よりはるかにマスメディアの影響に左右されており、流行神の分析には、新たな理論がより必要となっている。私自身怠惰にあけくれていてその課題に取組めないできているが、今回文庫本に収められることを機会に再考を試みたいと念じている。

本書の解説には、いち早く私の方法論や本書の欠点を見抜きながら、つねにポイントを摘出される小松和彦氏の手をわずらわせた。ここに永年にわたる小松氏の友情に感謝申し上げたい。

なお今回も萩原秀三郎氏から新しい流行神関係の写真の提供をいただいたこと、またちくま学芸文庫への収録に際し、評論社ならびに桜楓社の関係者各位にご協力いただいたことを記し、あわせて謝意を表したい。

平成五年五月十四日

宮田　登

解説

小松和彦

懐かしい本である。というのは、この本の原著をまだ大学院生であったころに書評したことがあるからである。

この本は、一九七二年に刊行されたもので、いまでは日本民俗学の重鎮としての位置を占めている宮田登さんが、新進気鋭と呼ばれていた三十代後半のころの著作である。『ミロク信仰の研究』『生き神信仰』に次ぐ宮田さんの三作目の著作に当たっている。

宮田さんの民俗学のテーマは多岐にわたっている。しかし、こうした初期の著作をみると、いずれも近世の江戸の町人たちの宗教生活についての豊富な知識を基礎にして発想されていることがよくわかる。そのもっとも典型的な例はたとえば『江戸歳時記』に示されているが、この本もそうした知識をふんだんに利用した興味深い内容で満たされている。

宮田さんはこれまで魅力的テーマの著作を次々に生み出してきたが、その文章技法は、宮田さんが師と仰ぐ柳田国男のそれとよく似ている。多くの論文が、特定のテーマが設定されると、そのテーマに関係した豊富な事例を少しずつ視点をずらしながら、つまり尻取り遊びのように配列していくことで、あるイメージを読者に喚起させるように仕組まれているからである。このような文章の主眼は、問題を設定しそれが最後に解決されるといった性格の文章ではなく、わたしたちがそれまで気づいていなかった事がらを目の前に浮かび上がらせることにあるように思われる。つまり、問題解決のための文章ではなく、問題発見の文章なのである。柳田国男や宮田さんの魅力は、そうした世界への案内人のような性格にあるといっていいだろう。

ありふれた既知の日常的事実から出発し、少しずつ視点をずらしながら未知の領域へと読者を導いていくという文章を可能にするには、豊富な事例に通暁していなければならない。特定の分野だけの限られた知識によってはそうした文章は作りえない。驚くべき博識の持ち主であった柳田国男と同様に、宮田さんも民俗学に限定することなく、幅広い視野に立って知識を貪欲に吸収する柔軟な思考の持ち主で、その中核部に位置するのが近世の江戸の町民たちの生活についての知識であった。

宮田さんはそうした知識の源泉を、近世の武士や町人たちが書き残した膨大な数にのぼる随筆類に求めている。柳田国男もその著作を生み出すにあたってこれらの随筆類を数多く利用した。しかし、その後の民俗学者は、柳田の引用したものを再引用する程度の利用しかせず、そうした随筆類の山に分け入ってみようとする者は皆無に等しく、まともに挑戦したのは、民俗学者では宮田さんだけであった。わたしも柳田や宮田さんの著作を通じて随筆の魅力に気づき、その山へ挑戦してみようと思い立ったことがあるが、すぐさま撤退してしまった。その数の多さに、日暮れて道遠しの感がしたからだ。

宮田さんは、右に述べたように、近世の庶民の生活、とくに民間信仰についての知識を十分に手に入れたうえで、民俗学者たちが調査を通じて直接採集した近現代の庶民の生活文化についてのこれまた膨大な知識をも渉猟し、両者の比較によって、前者と後者の類似や連続性を明らかにしようと試みる。たとえば、本書の「はしがき」のなかで、その執筆動機と史（資）料の扱いについて、次のように述べている。

そこで宗教史という枠組を、あらかじめ設定し、従来の作業仮説からはしばしばはずされがちな民間信仰に視点を定め、そこにみられる熱狂的な信仰現象である流行神のあり方を観察した。そこで気づいたことは、われわれが現代社会で観察できる民間信仰の大部分は、現象面の淵源の多くが近世の宗教社会にあるといっても過言ではないことである。だから近世の時点での諸現象を説明するにあたって、現時点で採集されたデータをかなり採用したことにそれほど危惧を感じていない。逆に、近世を経て近・現代に至るまでの強固な伝承性、あるいは再生産性を示している民俗の存在理由の裏づけとなることも明らかだといえる。

この主張は、宮田さんの民俗学を考えるときの重要な手がかりを与えてくれる。注目したいのは、宮田さんが近世の民間信仰と近現代の民間信仰と、近現代の諸現象が「現象面の淵源が近世の宗教社会にある」という理由で、つまり「強固な伝承性」を語るものとして、同質に扱っていることである。

近世の史料を扱いながらも、宮田さんが民俗学を標榜する立場が、ここにはっきりと示されている。歴史家ならば、現象面の類似がそのまま内容の類似や不変性を意味しないと考えるはずであるが、宮田さんは「逆に、近世・近代・現代を通じて強固な伝承性、あるいは再生産性を示す民俗の存在理由の裏づけとなる」と考える。つまり、宮田さんの眼差しは「不変なるもの」、容易には「変化しないもの」の歴史に向けられているのである。宮田さんの仕事が、近年急速にその紹介作業が進み評価が高まっているフランスのアナール学派の仕事と似ているのは、こうしたところに見いだせるであろう。

しかしながら、宮田さんの実際の論の展開をみてしばしば困惑させられるのは、近世を論じつつ、現代の資料がふんだんに援用され、現代を論じつつ近世の史料がこれまたふんだんに援用されるため、近世と現代の「差異」が見えなくなってしまうことである。現代とは近世であり、近世は現代なのであり、江戸は東京であり、東京は江戸である。そのようなイメージを抱いてしまうのである。そこには認識論的な「断絶」は存在していない。宮田さんの立場からいえば、民俗学とは「断絶」を明らかにするのではなく「連続」「不変」を明らかにする学問なのであって、したがって、民俗学者がみているのは時代を超えたものであるということになるであろう。その意味では、現代の資料との「断絶」を示す前代の史料を前にした民俗学者は、沈黙しその先へ進もうとしなくなる。少なくとも、宮田さんのような立場に立つ限り、そういうことになるだろう。さもなければ、柳田国男が展開したように、実年代や地域性を無視した形での民俗変遷史で処理してしまうはずである。

しかしながらこうした理解は宮田さんの民俗学を純化した形での把握であって、和歌森太郎や桜井徳太郎のもとで歴史学者としての訓練を受けた宮田さんは、「変化」や「断絶」に対しても十分に気を配っている。「表層」と「深層」、「変化」と「不変」、「類似」と「差異」、「地域性」と「時代性」といったことを見分けふるい分けている。だが、やはり強調点は「不変なるもの」、「強固な伝承性」の方へ向けられていることは疑うことのできない。このような点が宮田さんの民俗学の独自性を形成しているのである。もっとも、それがときには弱点ともなってあらわれることにもなっている。

ところで、宮田さんのこの本のテーマは、書名が語るように、「江戸」の「流行（はやり）神」である。原題が『近世の流行神』であったので、改題後の本書の「江戸」にも、「江戸という大都市における」という意味よりも、「江戸時代」という意味合いの方が強調されているはずである。

「江戸」（近世）の「流行神」という研究対象は、宮田さんもいうように、「歴史的」であり、「変化するもの」である。それを民俗学的に分析する。これはどういう考察なのだろうか。宮田さんはそれを、江戸の庶民の民間信仰と、現代の主として農村から集められた民間信仰との間に、どのようなつながりが見いだせるか、というところに置いている。「流行神」という概念で括れる神々を、「現象面の淵源が近世の宗教世界にある」現代の庶民生活のなかに生きる神格によって確かめようというのである。

だが、注意したいのは、ここにはすでに述べたように、区別すべき二つの領域が混然として同居している。近世の江戸町民を中心とする庶民の信仰生活の構造の解明と、現代の庶民（農民）の信仰生活の構造の解明の二つである。

宮田さんは、両者が相互に相手を照らしだすと考えている。こうした視点はとくに珍しいわけではない。比較文化論の手法として一般的だといっていいはずである。問題は両者の間に構造・機能的類似性、つまりシステムの類似性を見いだすか、それとも一方から他方への移行ないし連続性を見いだすかである。やがて、宮田さんも、人類学でいう「構造」のアイデアを吸収することで、システムの類似を指摘する傾向に向かうことになるのだが、この本ではまだ「強固な伝承性」を表層的・歴史的なレベルで理解し、その足跡をたどる姿勢を保持しているかにみえる。

もう少しこの本にそってこの点について具体的にみてみよう。宮田さんは、「流行神」を次のように理解している。それは「民衆が熱狂的に信仰する神々」であり、「発生（はやり）」と「消滅（すたり）」があり、そして「空間的＝社会的広がり」（わたしの言葉でい い直すと、「地域性」と「階層性」）と「時間的＝歴史的流れ」（「伝播」と「変容」）の二つの軸のなかで存在している、と。そして、こうした流行神を「はやりすたるということが一定の時間内または一時代内で完結すれば、それは風俗現象としてとどめ得るということになる」とみなす一方では、「流行神が次の時代に引継がれたとき、それは一時点での流行という風俗が拒絶され……新たな意味と機能とを獲得した……伝承力を伴った伝承形態（民俗）となって表出してくる」とみなす。

この指摘はまったく正しい。だが、「風俗」としての流行神と「民俗」となった流行神（これはもう流行神ではない）との間には、後者の段階では「新たな意味と機能とを獲得」

しているがために、明らかな「断絶」や「変容」が存在しているのである。極端ないい方をすれば、両者の類似は名称のみの類似でしかないといったこともありうるのである。

ここから、問うべき、異なる次元に属する四つの問題が浮かび上がってくるはずである。一つは、近世の「流行」としての「流行神」信仰の特徴や構造・機能の解明、一つは「流行」（流行神）から「民俗」（非流行神＝民俗神）への変容過程の解明、いま一つはかつて流行神であった神が民俗神として定着した社会でのその構造や機能の解明、そしてさらにもう一つは近現代において新たに発生した「流行神」の特徴や機能・構造の、近世の「流行神」のそれとの比較、の四つである。

こうした整理をふまえて、宮田さんのこの本での考察を見直すと、問題意識としては「流行している現象を風俗としてとらえると同時に、流行神が消滅または習俗化する過程に眼を及ぼしていく、つまり民俗における時代性を明らかにする態度をとらねばならない」と、上述の前二者の問題の考察を主張しているが、実際には「流行神と地域社会」について論じた部分を除けば、本書のほとんどが「近世の流行神」の特徴の考察に費やされているのである。民俗学上の用語や民俗学でしばしば問題とされる信仰がふんだんに使用されているが、宮田さんが明らかにしているのは、民俗学からとらえ直した「近世の民間信仰の一側面」であり、「近世民衆宗教史の一側面」としての「流行神」信仰なのである。

現代を扱うのが民俗学であるという広く流布している考えからすれば、こうした試みは民俗学ではないということになる。しかし、同様の試みは人類学や社会学でも「歴史人類学」とか「歴史社会学」といった名称のもとで展開されているので、それに従えば「歴史民俗学」と呼ぶことも可能であろう。こうした宮田さんの仕事があるにもかかわらず、過去の時代の「民俗」世界を復元しようとする民俗学者は現在でもほとんどいない。むしろ、そうした仕事は歴史学者の手で進められつつある。これは、別の言葉でいえば、民俗学の戦線の縮小を物語っている。もっとも、宮田さんにとっては歴史学であろうと、民俗学であろうと学問の名称はどちらであっても構わないはずである。

この本の内容については、読んでもらえばわかるので、要約めいたことはしない。流行神の出現の類型、流行神の系譜、流行神の性格、霊験の細分化、流行神発生の仕掛け人としての宗教者、流行神の思想、じつに多様な観点から、近世の流行神の特徴が解き明かされている。わたしがとくに興味を覚えたのは、宗教者の役割と凶作や疫病の流行、地震などの天変地異のあとに流行神が発生するということである。社会不安に乗じて宗教者が民衆の不安を吸収する神を作り出す。しかし、鎖国下の近世にあっては、人々の熱狂を集める神は、まったく新しい外来の神ではなく、前代から存在していた神（かつて流行した神）の流行であり、近世に入って流行しそしてすたれた神の、再流行であり、再々流行であり、再々流行であった。宗教者は流行神をときには生み出し、ときにはそれに乗じて一定の役割を演じ利益を受けたが、移ろいやすい近世の江戸の町人たちを長く引きつけ続けるほどの組織力や想像力を持ち合わせておらず、すたれるにまかせねばならなかったという。しかし、黒住教や天理教、丸山教などの幕末の新宗教は、まさしく組織化に成功した流行神の典型であったはずである。ところが、宮田さんはそうした流行神を、意図的にこの本では考察の視野から除外しているのはまことに残念である。そこにこそ、近世と近現代の流行神の「差異」ないし「断絶」「変容」が見いだされるはずだからである。宮田さんはここでは、そうした領域に踏み込まずに、流行神の民俗化に眼を移してしまうのである。

ほんとうに、ここで取り上げられている「はやりすたった」流行神、民俗として定着した流行神には、近代化はなかったのだろうか。安丸良夫の言葉を借りていえば「神々の明治維新」は、宮田さんの取り上げた小さな流行神や路傍の小祀にまでは浸透しなかったのだろうか。近代に入っても近世に流行した神々が民俗化して生き続けたのはどうしてなのだろうか。逆にいえば、近世に流行しながら民俗化せずに、なぜ多くの神が消えていったのであろうか。この本を読んでいると、こうした疑問が次々に浮かんでくるのである。

はっきりいって、宮田さんの本は、この本に限らず、スキだらけである。それが魅力なのである。最初に指摘したように、宮田さんの文章の狙いは、問題の解決にあるのではなく、問題の発見であり、それをわたしたちに気づかせることにあるからだ。問題の解決は、そこに問題を見いだしたわたしたち自身に投げかけられているのである。そしてわたしたちの知的興味が激しく刺激されることになるのだ。

この本は、多くの未知のことを教えてくれるとともに、多くの問うべき問題を提起し、そして若いころの宮田さんの考えをも伝えている本である。そして提起された問題はいまもなお多くが解決されていない。これが、二十年以上前のこの本が現在なお新鮮であり続けている理由であるが、それは民俗学にとって何を意味しているのだろうか。

懐かしいこの本をあらためて読み直してのわたしの感想は、いまでもそれほど変わってはいない。そのとき抱いた問題点がわたしのなかによみがえり、新たな闘志をかきたてる。いつになるかはわからないが、「流行神」というテーマはわたしなりに挑戦してみたいまことに魅力的なテーマである。

なお、最近刊行された『「心なおし」はなぜ流行る』は、近現代の「流行神」を宮田さんなりに論じたもので、この本の発展とみなせよう。文庫版にもそれと関連する論稿が新たに収められているので合わせて読まれるとよいだろう。

〔追記〕当解説は、ちくま学芸文庫『江戸のはやり神』(一九九三年)より再録した。

宮田　登（みやた　のぼる）
1936年生まれ。東京教育大学文学部卒業。同大学大学院修了。筑波大学教授、神奈川大学教授を歴任。筑波大学名誉教授。2000年没。著書として『ミロク信仰の研究』（未来社）、『都市民俗論の課題』（未来社）、『妖怪の民俗学』（岩波書店）、『終末観の民俗学』（青土社）、『「心なおし」はなぜ流行る』（小学館）などがある。

江戸（えど）のはやり神（がみ）

二〇二三年三月一五日　初版第一刷発行

著　者　宮田　登
発行者　西村明高
発行所　株式会社　法藏館
京都市下京区正面通烏丸東入
郵便番号　六〇〇-八一五三
電話　〇七五-三四三-〇〇三〇（編集）
　　　〇七五-三四三-五六五六（営業）

装幀者　熊谷博人
印刷・製本　中村印刷株式会社

ISBN 978-4-8318-2646-6　C1139

法蔵館文庫既刊より

価格税別

さ-2-1
アマテラスの変貌
中世神仏交渉史の視座
佐藤弘夫著

童子・男神・女神へと変貌するアマテラスを手掛かりに中世の民衆が直面していたイデオロギー的呪縛の構造を抉りだし、新たな宗教コスモロジー論の構築を促す。

1200円

て-1-1
正法眼蔵を読む
寺田透著

多数の道元論を世に問い、その思想の核心に迫った著者による「語る言葉（パロール）」と「書く言葉（エクリチュール）」の「講読体書き下ろし」の読解書。解説＝林　好雄

1800円

い-1-1
地獄
石田瑞麿著

古代インドで発祥し、中国を経て、日本へとやってきた「地獄」。その歴史と、対概念として浮上する「極楽」について詳細に論じた恰好の概説書。解説＝末木文美士

1200円

く-1-1
王法と仏法
中世史の構図
黒田俊雄著

強靱な論理力で中世史の構図を一変させ、「武士中心史観」にもとづく中世理解に鋭く修正を迫った黒田史学。その精髄を示す論考を収めた不朽の名著。解説＝平　雅行

1200円

な-1-1
折口信夫の戦後天皇論
中村生雄著

戦後「神」から「人間」となった天皇に、折口信夫はいかなる可能性を見出そうとしていたのか。折口学の深淵へ分け入り、折口理解の新地平を切り拓いた労作。解説＝三浦佑之

1300円

あ-1-1

禅仏教とは何か

秋月龍珉著

仏教の根本義から、臨済宗・曹洞宗の日本禅二大派の思想と実践までを体系的に叙述。難解な内容を、簡潔にわかりやすくあらわした入門書の傑作。解説＝竹村牧男

1100円

ほ-1-1

増補 宗教者ウィトゲンシュタイン

星川啓慈著

ひとつの孤独な魂が、強靭な理性と「神との和解」のはざまで悩みぬく。新発掘の二つの『日記』等をめぐる考察を縦横にもりこんだ、宗教学からの独創的アプローチ！

1000円

ア-1-1・2

評伝 J・G・フレイザー

その生涯と業績　上・下（全二冊）

R・アッカーマン著
小松和彦監修
玉井　暲監訳

大著『金枝篇』で世界に衝撃を与えた人類学者の画期的評伝。研究一筋の風変わりな日常から、出版をめぐる人間模様、悪妻とも評された妻との結婚生活まで。未公開書簡や日記も満載。

各1700円

い-2-1

アニミズム時代

岩田慶治著

森羅万象のなかにカミを経験する。その経験の場とは。アニミズムそしてシンクロニシティ空間論によって自然との共生の方法を説く、岩田アニミズム論の名著。解説＝松本博之

1200円

か-1-1

信長が見た戦国京都

城塞に囲まれた異貌の都

河内将芳著

同時代史料から、「町」が社会集団として成熟していくさまや、戦国京都が辿った激動の軌跡を尋ね、都市民らの視線を通して信長と京都の関係を捉え直した斬新な戦国都市論！

900円

や-1-1

宗教とは何か

現代思想から宗教へ

八木誠一著

理性と言語による現実把握の限界をどう超えるか。ニーチェの生の哲学から実存主義、さらには京都学派の哲学までを総覧し、現代人のための宗教に至る道筋を鮮やかに指し示す。

1300円

つ-1-1・2

平安人物志 上・下（全二冊）

角田文衞 著

考古学と文献史学を駆使した角田の博識と推理が冴え渡る、41篇の人物伝。緻密な分析で、平安朝を生きた人々の数奇な生涯を鮮やかに描き出した、歴史的名著。解説＝山田邦和

各1700円

か-2-1

インド人の論理学 問答法から帰納法へ

桂 紹隆 著

インド人の思考法は、観察から法則を導き出す帰納法的思考であった。事実に基づく論証法がインドでどのように展開したのか。その淵源を仏教の縁起の教えに見出した名著。

1300円

た-2-1

悟りと解脱 宗教と科学の真理について

玉城康四郎 著

徹底した禅定実践と学問研鑽によって仏道を求め、かくして到達したブッダの解脱に基づき、一切の枠組みを超えた真理を究明する。稀有の求道者の最後の書。解説＝丘山 新

1000円

さ-3-1

ブッダとサンガ 〈初期仏教〉の原像

三枝充悳 著

一人のブッダから多くの仏が生まれたのはなぜか。サンガはどのように成立したのか。仏教の根本問題を論旨明快な叙述で解きほぐす、恰好のインド仏教史入門。解説＝丸井 浩

1100円

し-1-1

ポストモダンの新宗教 現代日本の精神状況の底流

島薗 進 著

一九七〇年代以降に誕生・発展した「新新宗教」の特徴を読み解き、「新新宗教」を日本・世界の宗教状況とリンクさせることで、現代宗教論に一つの展望を与えた画期的試み。

1200円

や-2-1

〈方法〉としての思想史

安丸良夫 著

安丸史学が対峙し、目指したものとは――。自身の研究や経験を回顧した論考・時評等を中心に収め、その思想的格闘の軌跡を示した歴史学徒必読の名著。解説＝谷川 穣

1300円

ア-2-1

英国の仏教発見

フィリップ・C・アーモンド 著
奥山倫明 訳

19世紀の英国人らによる仏教表象を分析し、西洋近代において、仏教が称賛や蔑視を交えながら「創造」されていく過程を、オリエンタリズムと宗教をめぐる観点から解明。

1300円

か-1-2

改訂 祇園祭と戦国京都

河内将芳 著

創作物を通じて戦国期の祇園祭に託された「権力に抵抗する民衆の祭」というイメージは実態に合うものなのか。イメージと史実を比較し、中世都市祭礼・祇園祭の実像に迫る。

1000円

ブ-1-1

儀礼と権力 天皇の明治維新

ジョン・ブリーン著

日本の「近代」創出に天皇がはたした身体的役割とは何か。天皇はいかにして「神話の体現者」となったのか。従来とは異なる儀礼論的アプローチから迫ったユニークな試み。

1300円

も-1-1

梁の武帝

仏教王朝の悲劇

森三樹三郎著

皇帝菩薩と呼ばれた武帝の餓死、王朝の滅亡は、仏教溺信が招いた悲劇だったのか。類い稀な皇帝のドラマチックな生涯とその時代の精神を描出した不朽の傑作。解説＝船山 徹

1000円

む-1-1

天平芸術の工房

武者小路穣著

正倉院や東大寺をはじめとする花やかな天平芸術の創造にたずさわった工人たちの盛衰を明らかにしていくなかで、古代国家の文化の形成基盤の全体像を考察。解説＝山岸公基

1200円

た-3-1

改訂 歴史のなかに見る親鸞

平雅行 著

数少ない確実な史料を緻密に検証することで、歴史研究者として親鸞の事蹟の真偽を究明する一方、民衆の苦難と自らの思想信条とのはざまで悩み苦しむ親鸞の姿をも描きだす。

1100円

す-1-1

東洋の合理思想

末木剛博 著

インド仏教、中国仏教、中国古典に形式論理を見いだし、西洋思想とは異なる、非自我的な「楕円思考」を東洋の合理思想の根幹として解明する。野矢茂樹氏の解説も再録。

1200円

か-3-1

増補 菩薩ということ

梶山雄一 著

迷いと悟りの世界を生きる菩薩の存在は、大乗仏教の真髄である。大乗仏教がめざした人間像を探究しつづけた著者が最終的に到達した菩薩像と、その生き方とは。解説＝桂紹隆

1000円

キ-2-1

ウィトゲンシュタイン・文法・神

アラン・キートリー 著
星川啓慈 訳

ウィトゲンシュタインの「文法」概念を宗教研究に応用し、自然主義・相対主義・還元主義をのりこえる視点を提供。そして「本物の宗教」に迫らんとする、宗教哲学の好著。

1200円

か-4-1

死と運命
中国古代の思索

金谷治 著

「この० のっぴきならない生命とはいったい何なのか」。孔孟、老荘、荀子等の言葉をてがかりに、中国古代における死、運命、欲望に関する思索を討尋する。解説＝中嶋隆藏

1100円

よ-1-1

劉裕
江南の英雄 宋の武帝

吉川忠夫 著

劉裕は微賤な武人に生まれながらも、卓越した行動力と徹底した現実主義によって皇帝となった。だが、即位後その生彩に翳りが――。南朝の権力機構の本質を明らかにする好著。

1000円

か-5-1

一遍語録を読む

金井清光
梅谷繁樹 著

一切を捨てた「捨聖」一遍。その思想的背景と生涯を法語から読み解き、巻末では一遍の和讃「別願和讃」を『節用集』『日葡辞書』などを駆使して詳論する。解説＝長澤昌幸

1200円

な-1-2

祭祀と供犠

日本人の自然観・動物観

中村生雄著

動物を「神への捧げもの」とする西洋の供犠との対比から、日本の供養の文化を論じ、殺生・肉食の禁止と宗教との関わりに新たな光を当てた名著が文庫化。解説＝赤坂憲雄

1500円

さ-4-1

ラジオの戦争責任

坂本慎一著

戦前最強の「扇動者」、ラジオ。その歴史を五人の人物伝から繙き、国民が戦争を支持し、また玉音放送によって瞬く間に終戦を受け入れるに至った日本特有の事情を炙り出す。

900円

は-1-1

明治維新と宗教

羽賀祥二著

近代「神道」の形成と特質を仏教までもを含んだ俯瞰的な視野から考察し、「国家神道」に止まらない近代「神道」の姿をダイナミックに描いた、日本近代史の必読文献。

1800円

か-6-1

禅と自然

唐木順三著

近代という無常が露わになった時代をどう乗り越えるか。その克服の可能性を、逆に無常を徹底させる中世の禅思想のなかに見出した卓異の論考を精選。解説＝寺田透・飯島孝良

1100円

ひ-1-1

無神論

久松真一著

「絶対的自律」へ至る道を考究し続けた稀代の哲人・久松真一。その哲学の核心を示す珠玉の論考と自叙伝的エッセイ「学究生活の想い出」を収録。解説＝星野元豊・水野友晴

1000円

た-4-1

聖武天皇

「天平の皇帝」とその時代

瀧浪貞子著

高い政治力を発揮し、数々の事業を推進した聖武天皇。「天平の皇帝」たらんとしたその生涯と治世を鮮やかに描写。ひ弱、優柔不断といった旧来の聖武天皇像に見直しを迫る。

1300円